바르게 글씨쓰기

하루 10분 국어 교과서

띄어쓰기와 문장 부호

받아쓰기

읽은 내용 이해하기

꼭 알아야 할 맞춤법

김대조 글 | 이예숙 그림

주니어김영사

차례

부모님 가이드 **4**

인물 소개 **6**

1. 달이의 미션

바르게 글씨 쓰기 **14**

선 / 자음자 / 모음자

여러 가지 모음자 / 자음자·모음자

받침 없는 낱말 / 받침 있는 낱말

짧은 문장 / 긴 문장 / 짧은 글

2. 산이의 미션

꼭 알아야 할 맞춤법 **34**

된소리 나는 낱말 / 'ㄷ'이 'ㅈ'으로 소리 나는 낱말

'ㅅ'이 더해지는 낱말 / '이', '히'로 끝나는 낱말

'-장이'와 '-쟁이' / 헷갈리는 낱말 ①

헷갈리는 낱말 ② / 알쏭달쏭 맞춤법 ①

알쏭달쏭 맞춤법 ② / 알쏭달쏭 맞춤법 ③

3. 강이의 미션

문장 부호와 띄어쓰기 **58**

마침표와 쉼표 / 물음표와 느낌표
따옴표 / 문장 부호 놀이
띄어쓰기 ① / 띄어쓰기 ②
띄어쓰기 ③ / 문장 부호와 띄어쓰기

4. 한이의 미션

받아쓰기 **78**

기초 낱말 / 복잡한 모음자
된소리 낱말 / 'ㅎ'을 만나 변하는 낱말
받침소리가 변하는 낱말 / 쌍자음 낱말
쌍받침, 겹받침 낱말 / 자음이 변하는 낱말
이어져 소리 나는 낱말

5. 용이의 미션

읽은 내용 이해하기 **100**

설명 글 ① / 설명 글 ②
주장하는 글 ① / 주장하는 글 ②
이야기 ① / 이야기 ②
이야기 ③ / 생활문 ①
생활문 ② / 생활문 ③

정답 **132**

부모님 가이드

이 책을 만든 이유

이 책은 다음과 같은 아이들과 부모님들을 위해 만들었습니다.

◆ 2017년부터 새로 바뀌는 1·2학년 국어 교과서가 궁금한 부모님과 아이들.
◆ 취학 전 국어의 기초 학습을 미리 준비하고 싶은 아이들.
◆ 기초 쓰기와 읽기 능력을 다지고 싶은 저학년 아이들.
◆ 읽기, 쓰기 등에서 보충 학습이 필요한 저학년 아이들.

위의 경우에 해당하는 아이들은 이 책을 통해 읽기와 쓰기의 기초 기능을 익혀 더 나은 국어 활용 능력을 키우고 전체적인 학습 능력도 향상시킬 수 있습니다.

저학년 아이들에게 국어, 특히 읽기와 쓰기 능력은 모든 학습에 영향을 미칩니다. 아이들은 읽은 글을 이해하고, 이해한 것을 바탕으로 글로 써서 표현합니다. 이러한 이해와 표현 과정에서 읽기와 쓰기는 가장 기본적으로 갖추어야 할 능력입니다. 읽기와 쓰기를 잘하는 학생이 국어도 잘하고, 수학도 잘한다는 말은 결코 과장된 말이 아닙니다.

저학년 아이들이 기초 국어 능력을 갖추기 위해서는 반복적인 학습을 통해 자기 것으로 만들어야 합니다. 머릿속에 넣어 두는 지식이 아니라, 몸으로 체득하는 기능을 갖추어야 한다는 뜻입니다. 몸으로 체득하고 습관화된 국어 기능은 필요할 때면 자신도 모르게 힘을 발휘합니다. '아! 이럴 때는 물음표를 써야지.'라는 생각을 하지 않아도 그런 상황에서 손이 저절로 물음표를 그리는 것이 몸으로 습관화된 국어 능력입니다. 이런 국어 능력의 습관화는 매우 중요합니다. 걸음마를 배우는 아이처럼 처음에는 읽기와 쓰기에서 수많은 시행착오를 겪을 것입니다. 그러나 그런 단계를 거쳐서 습득한 기능은 영원히 자신의 머릿속에, 몸속에 남아 있을 것입니다. 아이들이 반복적인 훈련을 통해 국어 기초 능력을 몸으로 익힐 수 있도록 부모님들이 끊임없이 관심을 기울여 주시기를 바랍니다.

도서 활용 방법

하루에 한 장만 공부하도록 지도해 주십시오. 저학년 아이들에게 충분한 학습량입니다.

1장 – 바르게 글씨 쓰기

바른 글씨 쓰기는 바른 자세와 마음가짐에서부터 시작됩니다. 연필을 바로 잡고, 몸의 자세를 바르게 하고, 진지한 마음가짐으로 글씨 연습을 하도록 지도해 주십시오.

2장 – 꼭 알아야 할 맞춤법

맞춤법 규정 중 저학년 아이들이 이해할 수 있는 수준에서 중요한 내용들을 소개했습니다. 맞춤법 규정을 외우려고 하지 말고, 글을 읽고 쓰는 과정 속에서 반복적으로 보고 익힐 수 있도록 지도해 주십시오. 좋은 글을 많이 읽다 보면 올바른 표현에 익숙해지게 됩니다.

3장 – 문장 부호와 띄어쓰기

문장 부호는 글쓴이의 생각을 드러내는 수단입니다. 띄어쓰기는 모든 규정을 익혀 완벽하게 적용하기는 어렵습니다. 그러나 띄어쓰기의 기본 원리를 익히면 글을 쓸 때 쉽게 올바른 띄어쓰기를 할 수 있습니다.

4장 – 받아쓰기

받아쓰기에서 아이들이 어려워하는 내용을 중심으로 소개했습니다. 아이들이 잘 틀리는 낱말이나 표현이 있으면 반복적으로 쓰기 연습을 하게 해 주십시오. 받아쓰기 능력을 기르는 데 도움이 됩니다.

5장 – 읽은 내용 이해하기

글의 종류별로 주의해서 살펴보아야 할 내용들을 다루었습니다. 본 책의 학습 내용을 토대로 아이들이 책을 읽으면서 스스로 글의 내용을 이해하고 점검해 보는 습관을 기르도록 지도해 주십시오.

인물 소개

달

쓰는 글자마다 삐뚤빼뚤. 이게 글자인지 그림인지 영 알 수 없어. 달아, 제발 글자 좀 예쁘게 쓸 수 없겠니?

산

이렇게 써야 할까? 저렇게 써야 할까? 늘 맞춤법이 헷갈려 글쓰기가 무서운 산이.

강

'아빠가 방에?', '아빠 가방에!' 도대체 어떻게 써야 하지? 늘 띄어쓰기와 문장 부호가 알쏭달쏭한 강이.

위니

윈윈! 위니는 국어 영재. 국어 공부를
하다가 잘 모르는 것이 있으면 주문을
외워! 위니가 '짠' 하고 나타나 도와줄
거야.

한

용

주르룩! 한이 공책에 비가 와요. 받아
쓰기야, 제발 한이 좀 그만 괴롭혀!

글을 읽어도 무슨 뜻인지 이해할 수
없는 용이. 용아, 눈 좀 말똥말똥 떠 봐.

내 별명은 지렁이야.
그게 내 최고
고민이라고!

왜? 넌 지렁이처럼
안 생겼는데?

글씨를 너무 못 써서 공책에
지렁이가 기어간대. 그래서 지렁이야.
글씨를 예쁘게 쓸 수 있으면 좋겠어.

그래도 넌 나보다 나아. 나는 틀린
글자를 쓸까 봐 글을 못 쓰겠어.

맞춤법은 왜 그렇게 어려운지…….
친구들이 놀리면 너무 부끄러워.

쯧쯧, 너 또 글씨 틀렸어!

깔깔

이를

깨끗이

딲아

하하

너희들은 생일에
아기다리를 먹을
뻔한 적 없지?

뭐라고?

아기다리

띄어쓰기를 잘못해서
'아 기다리고 기다리던 생일'을
'아기다리 고기다리 던 생일'이라고 썼어.

아이고, 배야!
아기다리 고기다리래.

너무 웃지 마. 생각해 보면
나도 고민이 있어.

넌 뭔데?

어제 받아쓰기
20점 맞았어!

흑흑

받아쓰기

11

자, 차근차근 말해 봐.

쑥덕

쑥덕 쑥덕

그러니까 결론은 너희들 국어 실력이 꽝이라는 거구나. 그 정도쯤은 내가 도와주지.

너희들에게 국어 미션을 줄게. 각자 맡은 미션을 모두 해결해 보렴.

미션?

다섯 명이 각각 자기가 성공한 미션을 다른 친구들에게 가르쳐 주는 거야. 그럼 다섯 가지 내용이 모두 모여서 국어 왕이 되는 거지.

미션요? 너무 어려운 거 아니에요? 난 자신 없는데……

걱정 마. 어려운 내용이 나오면 내가 나타나서 도와줄 테니까. 호호호!

호호호

바르게
글씨 쓰기

1. 선

2. 자음자 / 모음자

3. 여러 가지 모음자 / 자음자 · 모음자

4. 받침 없는 낱말

5. 받침 있는 낱말

6. 짧은 문장

7. 긴 문장

8. 짧은 글

16

선을 바르게 그어 보세요.

자, 연필을 준비했지?
'예쁜 글씨야, 나와라.' 하고 주문을 걸고
선을 따라 그어 보렴.
선을 똑바로 그어야 예쁜 글씨를 쓸 수 있어.

가로선 긋기

세로선 긋기

꺾은선 긋기

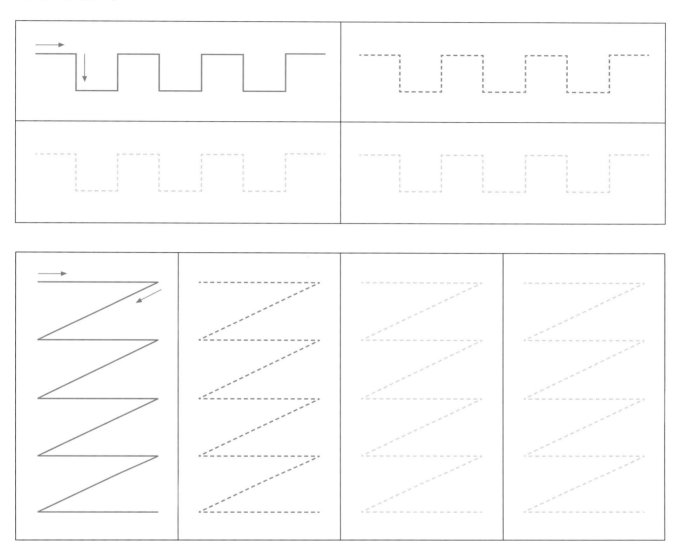

둥근선 긋기

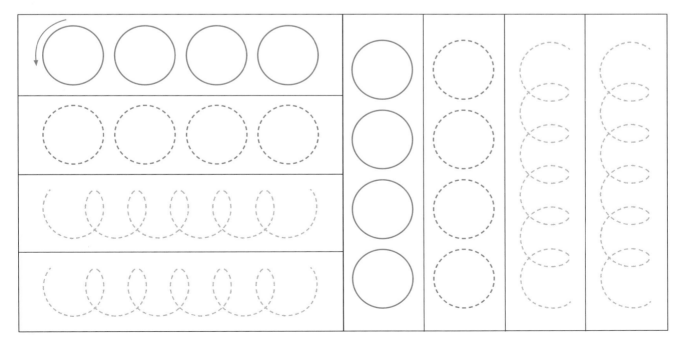

19

자음자를 예쁘게 써 보세요.

ㄱ 기역							
ㄴ 니은							
ㄷ 디귿							
ㄹ 리을							
ㅁ 미음							
ㅂ 비읍							
ㅅ 시옷							
ㅇ 이응							
ㅈ 지읒							
ㅊ 치읓							
ㅋ 키읔							
ㅌ 티읕							
ㅍ 피읖							
ㅎ 히읗							

앞에 'o'이 있다고 생각하고 모음자를 써 보세요.

ㅏ 아							
ㅑ 야							
ㅓ 어							
ㅕ 여							
ㅗ 오							
ㅛ 요							
ㅜ 우							
ㅠ 유							
ㅡ 으							
ㅣ 이							

앞에 'ㅇ'이 있다고 생각하고 여러 가지 모음자를 써 보세요.

ㅒ 애							
ㅒ 얘							
ㅔ 에							
ㅖ 예							
ㅘ 와							
ㅙ 왜							
ㅚ 외							
ㅝ 워							
ㅞ 웨							
ㅟ 위							
ㅢ 의							

자음자와 모음자를 결합해서 써 보세요.

	ㅏ	ㅑ	ㅓ	ㅕ	ㅗ	ㅛ	ㅜ	ㅠ	ㅡ	ㅣ
ㄱ	가									
ㄴ		냐								
ㄷ			더							
ㄹ				려						
ㅁ					모					
ㅂ						뵤				
ㅅ							수			
ㅇ								유		
ㅈ									즈	
ㅊ										치
ㅋ									크	
ㅌ								튜		
ㅍ							푸			
ㅎ						효				

23

받침이 없는 낱말을 예쁘게 따라 써 보세요.

그네

나무

두부

나비

머리

바위

사자

우유

대충 여러 번 쓰는 것보다
정성을 들여 한 번을 쓰는 게
훨씬 도움이 돼.

고	사	리						

노	리	개						

도	토	리						

라	디	오						

무	지	개						

보	자	기						

수	세	미						

지	우	개						

받침이 있는 낱말을 예쁘게 따라 써 보세요.

공룡

늑대

등대

로봇

먼지

벚꽃

신문

학교

갈	매	기						
나	란	히						
달	팽	이						
라	일	락						
물	방	울						
비	빔	밥						
상	상	력						
올	챙	이						

27

짧은 문장을 예쁘게 따라 써 보세요.

낱말 쓰기에 자신이 생겼지?

이번에는 문장을 따라 써 볼 거야.

쫓아오는 사람이 없으니 천천히 써도 돼.

다	녀	오	겠	습	니	다	.	

친	구	야	,		안	녕	?	

우	리		반		선	생	님	

연	필	을		바	르	게		

자	세	를		바	르	게		

긴 문장을 예쁘게 따라 써 보세요.

빨	간		딸	기	.	나	는		딸
기	를		좋	아	해	.			

뒤	뚱	뒤	뚱		아	기		오	리
가		연	못	으	로		풍	덩	!

공		나	르	기		놀	이	는	
정	말		재	미	있	어	요	.	

아이고, 호랑이님!
제발 살려 주세요.

사냥꾼이라고? 저
나무 뒤에 숨으렴.

바르게 앉아야
글씨도 예쁘겠지?

한 손으로
공책을 누르고 써.

허리는 곧게 펴고,
엉덩이를 의자에
붙여야 해.

발은 바닥에
가지런히 놓아.

31

짧은 글을 예쁘게 따라 써 보세요.

다	람	이	는		배	가		아	파	요	.		하
지	만		어	머	니	께		말	씀	드	리	지
못	했	어	요	.		어	머	니		몰	래		아	이
스	크	림	을		두		개	나		먹	었	기
때	문	이	에	요	.							
	"	다	람	이		어	디		아	프	니	?	"
어	머	니	가		물	었	어	요	.			

꽃의 왕을 뽑기 위해 많
은 꽃들이 자기 자랑을 말
하였어요.
"꽃의 왕은 바로 나야.
내 향기는 모든 사람들이
좋아해."

야호! 이제 글씨를 예쁘게 쓸 수 있을 것 같아. 하지만 노력하지 않으면 다시 삐뚤빼뚤해지겠지.

맞아.
계속 연습해서 예쁜 글씨를
네 것으로 만들렴!

2. 산이의 미션

꼭 알아야 할
맞춤법

1. 된소리 나는 낱말

2. 'ㄷ'이 'ㅈ'으로 소리 나는 낱말

3. 'ㅅ'이 더해지는 낱말

4. '이', '히'로 끝나는 낱말

5. '－장이'와 '－쟁이'

6. 헷갈리는 낱말 ①

7. 헷갈리는 낱말 ②

8. 알쏭달쏭 맞춤법 ①

9. 알쏭달쏭 맞춤법 ②

10. 알쏭달쏭 맞춤법 ③

정말 잘했어요.
다음에는 산이가 발표해 볼까?

저는 어제 뜨거운 물을 마시다가…….

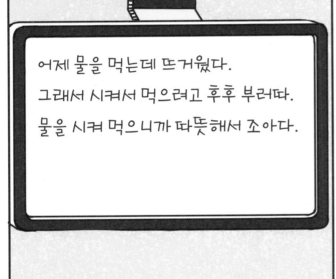

어제 물을 먹는데 뜨거웠다.
그래서 시켜서 먹으려고 후후 부러따.
물을 시켜 먹으니까 따뜻해서 조아다.

선생님, 글자 틀렸어요.
물이 무슨 짜장면이냐? 시켜 먹게.
물이 뜨거우면 식혀 먹어야지. 헤헤.

반드시? 반듯이? 뭐지?
힝! 또 틀릴까 봐 일기를 못 쓰겠어.

워니 누나를 불러 볼까?
정말 나를 도와줄 수 있을까?

윈윈! 윈윈!
위니 누나, 도와주세요.

아이고, 어지러워!
이번엔 누구니?

누나, 저 좀 도와주세요.
글자를 틀리게 쓸까 봐 걱정이에요.
무서워서 아예 글을 못 쓰겠어요.

아하! 글을 쓸 때 틀린 글자만
생각나서 걱정이지?

네. 그게
제 고민이에요.

이제 걱정 마.
맞춤법을 제대로 알면,
틀린 글자에 대한 걱정은
싹 사라질 거야.

정말요?
나 그거 배울래요.
가르쳐 주세요,
누나.

좋아. 배우려는 의지가 마음에 들어.
그럼 시작할까? 맞춤법 나와라, 윈윈!

나도 윈윈!

다음 상황에서 알맞는 낱말에 ○를 하고, 써 보세요.

그림 그리기 대회에서 상장을 받았다.
친구들이 축하해 주어서 무척 (기브다 / 기쁘다).

머리를 짧게 자르니 (훨신 / 훨씬) 멋져 보여.

할머니가 끓여 주신 (국수 / 국쑤) 는 정말 맛있어.

(갑자기 / 갑짜기) 머리가 몹시 아파서 친구들과
놀지 못했다.

'ㄲ', 'ㄸ', 'ㅃ', 'ㅆ', 'ㅉ' 등을 '된소리'라고 해.
된소리로 소리 나는 낱말은 된소리로 적어.
그런데 '국수', '갑자기' 처럼 'ㄱ'이나 'ㅂ' 받침 뒤에서 나는
된소리는 된소리로 적지 않아. 기억하렴!

앞에서 찾은 낱말로 짧은 문장을 만들어 보세요.

① 기쁘다

네가   초대해   주어
서   기쁘다.

② 훨씬

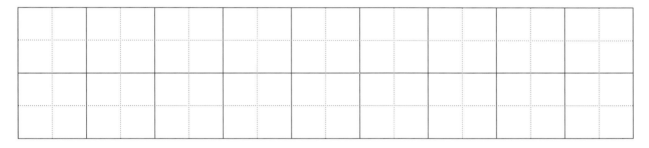

③ 국수

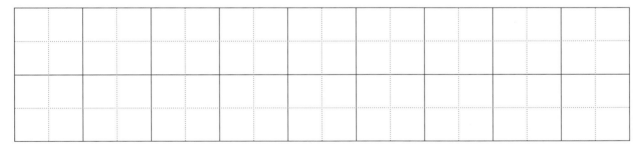

④ 갑자기

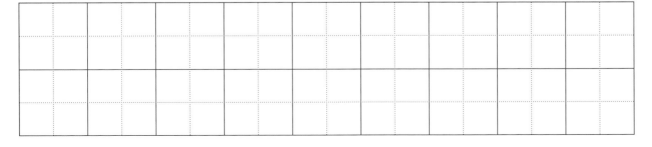

그림일기에서 산이가 틀리게 쓴 낱말을 바르게 고쳐 쓰세요.

8 월 22 일 목 요일

오늘은 가족들과 해도지를 보려고 바닷가에 갔다. 모래밭에 가치 앉아서
해가 뜨기를 기다렸다. 끄치 없이 넓은 바다에 구름이 거치고 드디어 해가 떴다.
닫힌 마음이 활짝 열리는 것처럼 기분이 상쾌했다.

① 해도지 해돋이

② 가치 같이

③ 끄치 끝이

④ 거치고 걷히고

'해돋이'는 읽을 때 [해도지]로 소리 나지만, 쓸 때는 '해돋이'로 써야 해. 이처럼 'ㄷ'이나 'ㅌ'이 'ㅈ'이나 'ㅊ'으로 소리가 나더라도 쓸 때는 그대로 써야 하는 낱말이 있단다.

바른 낱말에 ○를 하고 따라 써 보세요.

① 나는 우리 집에서  다.

   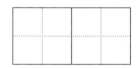

② 네가 하는 일을 구지 / 굳이 반대하고 싶지는 않아.

③ 엄마는 늘 나에게 밥 먹을 때 옷에 좀 묻히지 / 무치지 말라고 한다.

 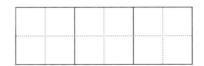 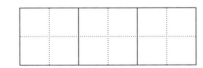

④ 벽에 색종이를 함부로 부치면 / 붙이면 안 돼.

 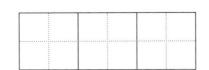 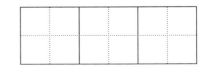

41

산이가 어떤 길로 가야 보물을 찾을까요? 알맞은 낱말을 찾아 길을 따라가 보세요.

두 낱말이 합해져서 한 낱말이 될 때, 두 낱말 사이에 'ㅅ'이 더해지는 경우가 있단다. '나무'와 '가지'를 합하면 '나무가지'가 되지만, 그 사이에 'ㅅ'이 생겨서 '나뭇가지'로 써야 해.

빈칸에 들어갈 낱말을 42쪽의 그림에서 찾아 쓰세요.

① ⬜⬜⬜ 에 친구를 만나 함께 학교로 갔다.

② 할머니는 어릴 적에 ⬜⬜ 에서 빨래를 하셨다.

③ 쿵쿵 소리를 내면 ⬜⬜⬜ 사람에게 피해를 주니까 조심해.

④ 봄이 되니 ⬜⬜⬜⬜ 마다 새잎이 파릇파릇 돋아난다.

⑤ 가을이 되면 ⬜⬜⬜ 이 온통 길거리로 떨어진다.

⑥ 고기를 먹을 때에는 ⬜⬜ 에 싸서 먹으면 맛있다.

⑦ 우산에 구멍이 나서 ⬜⬜ 이 머리에 떨어졌다.

⑧ 귓속을 너무 많이 파서 ⬜⬜ 에 걸렸나 보다.

43

빈칸에 '이' 또는 '히'를 넣어 문장을 완성해 보세요.

다함께 청소를  하고 나니

기분이 상쾌하다.

받아쓰기 공부를  해서 백 점을 맞았다.

괜찮다고 했지만 넘어졌을 때  많이

아팠다.

장난감을 누나 책상 서랍 안에 깊 숙

숨겨 놓았다.

'이'나 '히'로 끝나는 말 중에서 읽을 때 분명히 '이'로만 소리가 나면
'이'가 붙고, '이'나 '히'로 소리 나는 말은 '히'를 붙이면 돼.

바르게 쓴 낱말에 ○를 해 보세요. 그런 다음 따라 써 보세요.

① 블록이 넘어지지 않게 반듯이 / 반듯히 쌓아라.

② 친구의 이름을 정확이 / 정확히 아는 사람은 손들어 보세요.

③ 돌아다니면 위험하니까 가만이 / 가만히 앉아 계세요.

④ 문제를 해결하기 위해 곰곰이 / 곰곰히 생각해 보았다.

⑤ 도서관에서는 조용이 / 조용히 책을 읽어야 합니다.

45

바른 낱말에 ○를 하세요.

| 대장장이 | 대장쟁이 |

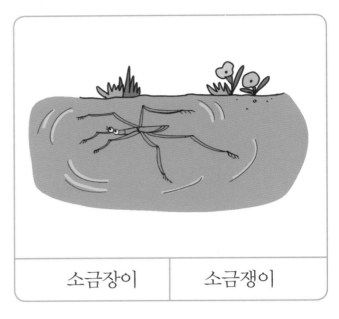

| 소금장이 | 소금쟁이 |

| 멋장이 | 멋쟁이 |

| 옹기장이 | 옹기쟁이 |

| 난장이 | 난쟁이 |

| 수다장이 | 수다쟁이 |

'장이'와 '쟁이'가 무척 헷갈리지? 이것만 기억하렴.
어떤 일에 대한 기술을 가진 사람을 나타낼 때에는 '-장이'를 붙이고,
나머지 것에는 '-쟁이'를 붙이면 돼. '대장장이'는 기술자이지만,
'멋쟁이'는 기술자가 아니잖아.

'-장이'와 '-쟁이' 중에 알맞은 낱말을 빈칸에 쓰세요.

① 석수 　　　　　 는 돌을 정성껏 다듬어 탑을 만들었다.

② 내 동생은 자기만 맛있는 걸 다 먹으려 해서 욕심 　　　　　 이다.

③ 친구들이 나를 보고 겁 　　　　　 라고 놀리는 것이 싫다.

④ 나무를 잘 다듬을 줄 알아야 가구 　　　　　 가 될 수 있다.

⑤ 우리 반에는 정말 장난을 많이 치는 개구 　　　　　 친구가 있다.

⑥ 친구를 속이는 거짓말 　　　　　 는 외톨이가 될지도 몰라.

⑦ 구두 　　　　　 는 멋진 구두를 만드는 사람이다.

<보기>의 설명을 보고, 알맞은 낱말에 ○를 하세요.

윈윈! 지금부터는 생긴 게 비슷하지만
서로 뜻이 다른 낱말을 살펴볼 거야.
잘 구별해 보렴.

> **거름** : 식물을 잘 자라게 하기 위해 주는 영양분
>
> **걸음** : 두 발을 번갈아 옮겨 움직이는 동작
>
> **늘이다** : 물건을 당겨서 원래보다 더 길게 하다.
>
> **늘리다** : 수나 양을 원래보다 더 많아지게 하다.

① 우유 마시는 양을 하루에 한 잔씩 ___늘이기로___ 했다.
___늘리기로___

② 따뜻한 피자를 한 입 먹으니 치즈가 쭉 ___늘어졌다.___
___늘러졌다.___

③ 채소밭에 ___거름___ 을 주었더니 채소들이 파릇하게 잘 자랐다.
___걸음___

④ 아빠와 함께 걸으면 ___거름___ 이 빨라 따라가기 힘들다.
___걸음___

빈칸에 들어갈 말을 〈보기〉에서 찾아 쓰세요.

보기	마쳤다 반듯이 닫혔다 반드시 맞혔다 다쳤다

① 어제 태권도 시합을 하다가 다리를 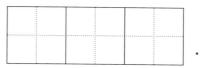 .

② 학교에 너무 일찍 와서 교실 문이 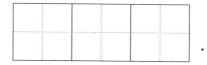 .

③ 오늘은 학교를 일찍  .

④ 받아쓰기에서 하나도 안 틀리고 다 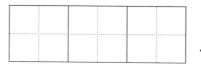 .

⑤ 이번에는  약속을 지킬 거야.

⑥ 고개를 기울이지 말고 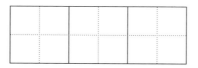 들어 봐라.

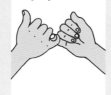

맞춤법 약속 1

❶ 다치다는 부딪히거나 넘어져서 상처가 생기는 것을 말하고
  닫히다는 문이나 뚜껑이 닫히는 것을 의미하지.

❷ 마치다는 '하던 일이 끝나다'란 뜻이고
  맞히다는 '물음에 옳게 답을 하다'란 뜻이야.

❸ 반드시는 '틀림없이, 꼭'을 의미하고
  반듯이는 비뚤어지거나 기울어지지 않는 상태를 말해.

〈보기〉의 설명을 보고, 알맞은 낱말에 ○를 하세요.

> **부치다** : 편지나 물건을 다른 사람에게 보내다.
> **붙이다** : 어떤 물체를 떨어지지 않게 하다.
>
> **시키다** : 다른 사람에게 어떤 일을 하게 하다.
> **식히다** : 뜨거운 것을 차가워지게 하다.
>
> **어름** : 두 군데의 구역이 서로 맞닿는 자리
> **얼음** : 물이 얼어서 굳어진 것

① 편지를 $\frac{부칠}{붙일}$ 때에는 봉투에 우표를 $\frac{부쳐야}{붙여야}$ 한다.

② 선생님이 심부름을 $\frac{시켰다.}{식혔다.}$

③ 뜨거운 국물은 $\frac{시켜서}{식혀서}$ 먹어야 한다.

④ 물이 빨리 시원해지라고 병에 $\frac{어름}{얼음}$ 을 넣었다.

⑤ 두 개울이 합쳐지는 $\frac{어름}{얼음}$ 에는 물고기가 많이 잡힌다.

빈칸에 들어갈 말을 〈보기〉에서 찾아 쓰세요.

보기	주렸다 저린다 이따가 절인다 있다가 줄였다

① 〔　　　　〕 선생님이 오시면 여쭤 보자.

② 용돈을 잘 가지고 〔　　　　〕 학용품을 사자.

③ 김치를 담글 때에는 배추를 소금에 〔　　　　〕.

④ 무릎을 꿇고 있었더니 발이 〔　　　　〕.

⑤ 할머니 어릴 적에는 먹을 게 없어 배를 〔　　　　〕.

⑥ 바지가 길어서 길이를 〔　　　　〕.

맞춤법 약속 2

❶ 이따가는 시간이 '조금 지난 뒤'를 의미하고
있다가는 '물건을 가지고 있다가'와 같은 경우에 쓰여.

❷ 저리다는 '몸이나 마음이 둔하고 아프다'를 뜻하고
절이다는 '채소나 생선에 소금을 뿌리다'를 말하지.

❸ 주리다는 '음식을 못 먹어 배가 고프다'를,
줄이다는 어떤 수나 양을 적어지게 하는 것을 의미해.

두 사람의 대화를 읽고 알맞은 말에 ○를 하세요.

가족 여행을 몇 월 ( )에 가면 좋을까?

우리 여행 가요?

며칠   몇 일

( )이 우는구나. 이제 일어날 시간이야.

숫닭   수탉

고기가 정말 맛있네.

( )가 부드러워서 좋아요.

살고기   살코기

제가 첫째 아들이에요.

저는 ( ) 아들이에요.

둘째   두째

얼른 (　　) 같이 놀자.

나아서　낳아서

숙제는 다 했니?

이것만 보고 (　　).

할게요　할께요

김치(　　)가 정말 맛있어요.

찌개　찌게

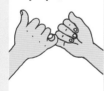

맞춤법 약속 3

❶ 날짜를 나타낼 때는 '며칠'을 써야 해. '몇 일'은 틀린 말.

❷ 수탉(암탉), 수소(암소), 수캉아지(암캉아지), 수퇘지(암퇘지)처럼 써야 해.

❸ 살코기가 맞는 말이야.

❹ 첫째, 둘째, 셋째. 그런데 12는 '열두째'로 써야 해. 꼭 기억하렴.

❺ '병이 낫다'는 문장에서는 '나아서, 나아라'로 쓰여.

❻ 말할 때는 [할께요]라고 발음하지만 쓸 때는 '할게요.', '줄게요.'로 써.

❼ '된장찌개', '김치찌개'처럼 써야 해.

알맞은 말에 ○를 하세요.

① 첫눈 오는 날, 내 마음을 한마디로 쓰면 〔 설레임 | 설렘 〕 이다.

② 산타 할아버지가 좋은 선물을 주셨으면 하는 〔 바람 | 바램 〕 이 있다.

③ 오늘은 부모님을 도와서 내가 〔 설거지 | 설겆이 〕 를 했다.

④ 방학이 끝나고 친구들과 〔 오랜만에 | 오랫만에 〕 만나서 반가웠다.

⑤ 누가 그랬는지 나한테 〔 예기 | 얘기 〕 해 봐.

⑥ 늦은 시간에 〔 왠일 | 웬일 〕 로 전화를 했니?

⑦ 넘어진 게 아프기도 했지만 〔 창피 | 챙피 〕 했다.

⑧ 새로 산 토끼 〔 귀거리 | 귀걸이 〕 가 참 예쁘다.

⑨ 늦잠을 자서 〔 하마터면 | 하마트면 〕 지각을 할 뻔했어.

⑩ 매콤한 〔 떡뿌이 | 떡볶이 〕 가 정말 맛있어.

보기의 낱말을 골라서 짧은 문장을 써 보세요.

| 보기 | 설거지   오랜만에   귀걸이   떡볶이   위쪽 |

사람들이 사용하는 말이 바뀌면 맞춤법도 바뀌는
경우가 있어. 이번에 새로 바뀐 규칙을 살펴보자.

새 표준어를 사용해서 문장을 만들어 보세요.

원래 표준어	표준어로 바뀐 말	문장
괴발개발	개발새발	내 동생은 글씨를 괴발개발(개발새발)로 쓴다.
자장면	짜장면	
만날	맨날	
정말	너무	
예쁜	이쁜	
잎사귀	잎새	
냄새	내음	

왼쪽의 낱말은 원래부터 표준어였고, 오른쪽의 낱말은
규칙이 바뀌어서 이제는 써도 되는 말이야.
그러니 둘 중 어느 것으로 써도 다 맞는 말이란다.

원래 표준어	표준어로 바뀐 말	문장
꾀다	꼬시다	자라는 토끼를 꾀서(꼬셔서) 용궁으로 데려갔다.
손자	손주	
두루뭉술하다	두리뭉실하다	
오순도순	오손도손	
아옹다옹	아웅다웅	
삐치다	삐지다	
먹을거리	먹거리	

이제 맞춤법이라면 나도 자신 있어.
글쓰기도 잘할 수 있을 것 같아!

3. 강이의 미션

문장 부호와 띄어쓰기

1. 마침표와 쉼표

2. 물음표와 느낌표

3. 따옴표

4. 문장 부호 놀이

5. 띄어쓰기 ①

6. 띄어쓰기 ②

7. 띄어쓰기 ③

8. 문장 부호와 띄어쓰기

연주야,
학교 마치고 우리 집에 갈래.
우리 집에서 책도 보고
과자도 먹을래.

있다가 열어 봐.

왜 연주가 안 오지?

연주야,
어제 왜 안 왔어?

어딜? 어디
가기로 했었니?

어제 쪽지에
우리 집에서
놀자고 했잖아.

넌 그냥 집에 가서
책 보고 과자 먹는다고
했잖아. 나더러 오라는
말인지 몰랐어.

색칠된 칸에 공통으로 들어갈 문장 부호를 써 보세요.

나	는		꽃	을		좋	아	해						

엄	마		손	을		꼭		잡	아	라				

집	에		갈		때		같	이		가	자			

첫 번째는 설명하는 문장, 두 번째는 명령하는 문장,
세 번째는 부탁하는 문장이지? 설명, 명령, 부탁을 나타내는 문장 뒤에는
마침표(.)를 찍어야 해. 마침표는 연월일을 표시할 때에도 쓰여.
2017년 3월 1일을 2017. 3. 1.이라고도 쓸 수 있어.

정확한 문장 부호를 넣어서 따라 써 보세요.

개는 멍멍 하고 짖어

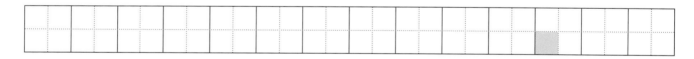

떨어진 장난감을 치워라

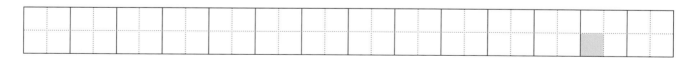

쓰레기를 버리지 말자

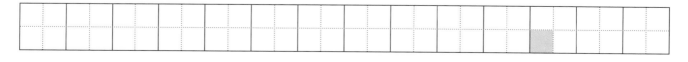

62

색칠된 칸에 공통으로 들어갈 문장 부호를 써 보세요.

나	는		사	과	,	배	를		좋	아	한	다	.

산	은		높	고	,	하	늘	은		푸	르	다	.

건	호	야	,	이	리		와		봐	.

첫 번째는 여러 가지를 예로 들 때, 두 번째는 문장을 연결할 때,
세 번째는 부르거나 대답할 때를 나타내. 이런 경우에 쓰는
문장 부호가 쉼표(,)야.

정확한 문장 부호를 넣어서 따라 써 보세요.

봄에는 개나리 민들레 진달래 벚꽃 등이 핀다

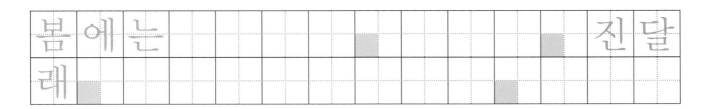

봄	에	는		개	나	리	,	민	들	레	,		진	달
래	,						벚	꽃						

나는 사과를 좋아하고 동생은 딸기를 좋아한다

나	는		사	과	를		좋	아	하	고	,		동	생
은							딸	기						

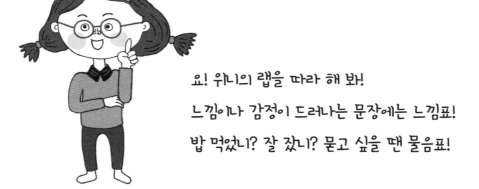

요! 위니의 랩을 따라 해 봐!

느낌이나 감정이 드러나는 문장에는 느낌표!

밥 먹었니? 잘 잤니? 묻고 싶을 땐 물음표!

두 문장이 어떤 상황을 나타내는지 생각하고, 알맞은 문장 부호를 연결해 보세요.

〈문장〉	〈상황〉	〈문장 부호〉
사과가 정말 맛있었니 •	• 느낌 •	• ?
사과가 정말 맛있구나 •	• 물음 •	• !

정확한 문장 부호를 넣어서 따라 써 보세요.

네 동생은 몇 살이니

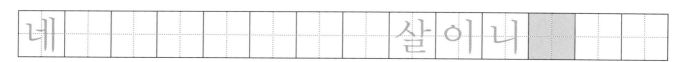

날씨가 참 좋구나

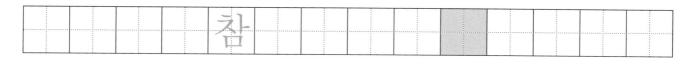

이 책은 읽어 봤니

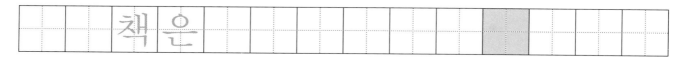

빈칸에 알맞은 문장 부호를 써 보세요.

|아|이|쿠| |깜|짝|이|야| | | | | | | | | | |

|정|말| |큰|일| |났|구|나| | | | | | | | | | |

|경|준|아| |놀|이|터|에| |갈|래| | | | | | | | |

물음표와 느낌표를 넣어 문장을 만들어 보세요.

?

|뭐| |하|고| |있|었|어|?| | | | | | |

!

|야|,|정|말| |재|미|있|다|!| | | | | |

물음표와 느낌표의 쓰임을 생각하며 따라 써 보세요.

	학	교		마	치	고		집	으	로		가	는	
길	에		예	쁜		강	아	지	를		봤	다	.	
	"	어	머	,	귀	여	워	라	!		길	을	
잃	고		여	기	에		있	나	?		불	쌍	
하	기	도		하	지	!	"							

65

따옴표에는 큰따옴표와 작은따옴표가 있어.

대화나 직접 한 말을 나타낼 때에는 큰따옴표(" "),

마음속으로 생각한 말을 나타낼 때에는

작은따옴표(' ')를 사용해. 잘 기억해!

색칠된 문장을 살펴보고, 상황과 문장 부호를 바르게 연결해 보세요.

"거북아, 우리 달리기 경주 해 보자."

토끼가 거북에게 말했다.

어쩌지? 달리기는 자신 없는데.

거북은 곰곰이 생각해 보았지만 아무래도 이길 자신이 없었다.

"저기 산 넘어 깃발이 꽂힌 데까지 누가 먼저 가나 내기하는 거야."

토끼는 거북의 말은 듣지도 않고 바로 달리기 시작했다.

자, 잠깐. 너 먼저 가면 어떡해?

거북은 토끼를 뒤쫓아 어슬렁어슬렁 기어갔다.

'쳇, 뭐든지 자기 마음대로야.'

문장	상황	문장 부호
어쩌지? 달리기는 자신 없는데. •	• 마음속 생각 •	• " " (큰따옴표)
자, 잠깐. 너 먼저 가면 어떡해? •	• 실제로 한 말 •	• ' ' (작은따옴표)

다음 문장을 정확하게 따라 써 보세요.

"시원한 물 좀 다오."

∨																	

'아이, 부끄러워!'

∨																	

"떡 하나만 줄래?"

∨																	

색칠된 빈칸에 알맞은 문장 부호를 써 보세요.

	개		한		마	리	가		고	기	를		입
에		물	고		개	울		위	의		다	리	를
건	너	다		깜	짝		놀	라		말	했	어	요.
		저		고	기	가		더		크	네		
	개	는		물	에		비	친		자	신	의	
모	습	을		보	고		생	각	했	어	요.		
		저		고	기	를		뺏	어	야	지		
	개	는		입	을		벌	리	고		소	리	쳤
어	요.												
		멍	멍,		넌		누	구	냐	?			

67

이번에는 신나는 문장 부호 놀이를 해 볼 거야. 주사위를 던져서
나온 숫자만큼 앞으로 가는 거야. 집에 있는 주사위나 우유 통을
주사위로 만들어서 사용하렴.

출발

이런!
한 번 쉬어요.

?
문장 부호
이름 말하기

대화할 때
쓰는
문장 부호는?

어머!
두 칸
앞으로
가세요.

느낌표를
넣어서
문장 말하기

앗싸!
지름길

헉!

구덩이!
짝수가 나와야
빠져나감

빈칸에
문장 부호 넣기

노래도 부르고
춤도 추자.

68

조심해! 문제를 해결하지 못하면
다시 원래 자리로 돌아가야 하니까.

마침표
문장 부호 쓰기

옆 사람 어깨
주물러 주기

뒤로
돌아가기

문장 부호
이름 말하기

한 번
더!

물음표
문장 쓰기

빈칸에
문장 부호 넣기

느낌표
문장 부호 쓰기

도착
놀이동산

토끼야
빨리 와

내가 아팠을 때 엄마가 죽을 끓여 주셨어.

그런데 띄어쓰기를 잘못하는 바람에

'엄마 가죽을 끓여 주셨어.'라고 적었지 뭐니!

띄어쓰기를 제대로 해야 뜻을 정확하게 전달할 수 있어.

다음 두 문장이 어떻게 다른지 생각해 보세요.

아빠가 죽을 드신다.

아빠 가죽을 드신다.

'아빠가죽을드신다.'를 나누어 볼게.

| ① 아빠 + 가 | 죽 + 을 | 드신다. | = | ○ |
| ② 아빠 | 가죽을 | 드신다. | = | × |

**띄어쓰기
약속 1**

①에서 '아빠', '죽', '드신다'는 뜻이 있는 낱말이야.
그리고 낱말 뒤에 붙은 '가', '을' 등을 '토씨'라고 해.
띄어쓰기를 할 때에는 뜻이 있는 낱말 덩어리는 띄어서
쓰고 토씨는 앞말에 붙여서 쓴단다.

다음 문장을 정확하게 띄어 써 보세요.

호랑이가소리를지릅니다.

강아지는멍멍토끼는깡충

파란하늘하얀구름

달팽이가집을지어요.

새싹이고개를내밀어요.

친구야, 정말고마워!

웃음이가득한우리가족

바르게 띄어 쓴 문장에 ○를 해 보세요.

① 돼지 한마리가 꿀꿀! (　　　)

　돼지 한 마리가 꿀꿀! (　　　)

② 붕어빵 3개 주세요. (　　　)

　붕어빵 3 개 주세요. (　　　)

띄어쓰기
약속 2

단위를 나타내는 말을 한글로 쓸 때는 꼭 앞말과 띄어야 해.
하지만 숫자와 함께 쓰일 때에는 붙여 써도 되지.
돼지 한 마리 / 붕어빵 3개

단위를 나타내는 말로는 '차 한 대', '여덟 살', '양말 한 켤레',
'이백 원', '연필 한 자루' 등이 있어.

다음 문장을 정확하게 띄어 써 보세요.

자	동	차	두	대	가	멈	췄	다	.					

내	동	생	은	여	섯	살	이	야	.					

우	리	교	실	은	2	층	에	있	다	.				

바르게 띄어 쓴 문장에 ○를 해 보세요.

① 청군대 백군의 경기 (　　　)

　청군 대 백군의 경기 (　　　)

② 사과, 배등이 있다. (　　　)

　사과, 배 등이 있다. (　　　)

띄어쓰기 약속 3

이어 주거나 여러 개를 나타낼 때에는 띄어 써.
청군 대 백군 / 사과, 배 등
이렇게 말이야.

이런 말에는 '감독 겸 선수', '하나 또는 둘', '아빠 및 아들',
'국어, 수학 등'도 있어.

다음 문장을 정확하게 띄어 써 보세요.

경	기	가	몇	대	몇	이	니	?							

그	림	또	는	사	진	을	준	비	해	.					

독	도	의	역	사	및	자	연								

바르게 띄어 쓴 문장에 ○를 해 보세요.

① 내 이름은 이미소야. (   )

　내 이름은 이 미소야. (   )

② 위대한 이순신장군 (   )

　위대한 이순신 장군 (   )

띄어쓰기 약속 4

성과 이름은 붙여 쓰고, 이름 뒤에 붙는 관직, 직책 등은 띄어 써.
이순신 / 이순신 장군, 이렇게 말이야.

관직과 직책을 나타내는 말로는 '○○○ 대통령', '○○ 장관', '○○○ 선생님' 등이 있어.

다음 문장을 정확하게 띄어 써 보세요.

내	짝	은	김	지	언	이	에	요	.				

박	보	배	선	생	님	,		안	녕	하	세	요	?

김	유	신	장	군	을	아	니	?					

띄어쓰기가 바른 낱말에 ○를 하세요.

① 이 장난감은 우리 $\dfrac{\text{큰아버지}}{\text{큰 아버지}}$ 가 사 주셨어.

② 얼마 전에 $\dfrac{\text{큰집}}{\text{큰 집}}$ 으로 이사를 가서 내 방이 생겼어.

③ 방학이 되면 할아버지가 계신 $\dfrac{\text{큰집}}{\text{큰 집}}$ 에 놀러 갈 거야.

④ 비가 많이 와서 $\dfrac{\text{집안}}{\text{집 안}}$ 에서 놀았다.

⑤ 할아버지는 우리 $\dfrac{\text{집안}}{\text{집 안}}$ 에서 가장 어른이십니다.

⑥ 저 중에서 키가 $\dfrac{\text{작은형}}{\text{작은 형}}$ 이 우리 형이야.

띄어쓰기 약속 5

어떻게 띄어 쓰느냐에 따라 뜻이 달라지는 말이 있어.

❶ 큰집 : 집안의 어른이 사는 집
　큰 집 : 크기가 큰 집

❷ 집안 : 가족이나 친척
　집 안 : 집의 내부

❸ 작은형 : 여러 명의 형 중에 맏형이 아닌 형
　작은 형 : 키가 작은 형

빈칸에 들어갈 알맞은 문장 부호를 찾아 연결해 보세요.

너도 정말 몰랐니 ▨	!
이 이야기는 너무 감동적이야 ▨	?
동생은 그림책을 보고 ▨ 나는 동화책을 본다.	.
나는 책 읽기를 좋아해 ▨	,
▨ 아야! ▨ 밖에서 소리가 들렸다.	' '
▨ 누구에게 물어볼까? ▨ 나는 곰곰이 생각해 보았다.	" "

빈칸에 들어갈 문장 부호 또는 이름을 쓰세요.

문장 부호		?	
이름	마침표		느낌표

문장 부호	,		' '
이름		큰따옴표	

다음 문장을 정확하게 띄어 써 보세요.

물이정말시원하구나!

어제사과, 배를먹었다.

"넌누구니?"

연필한자루만빌려줘.

이소정선생님은친절하셔.

우리큰형은중학생이야.

문장 부호와 띄어쓰기도 식은 죽 먹기군!

이제 친구들에게 마음껏 쪽지를 쓸 수 있어.

연주한테 놀러 오라고 할까?

4. 한이의 미션

받아쓰기

1. 기초 낱말

2. 복잡한 모음자

3. 된소리 낱말

4. 'ㅎ'을 만나 변하는 낱말

5. 받침소리가 변하는 낱말

6. 쌍자음 낱말

7. 쌍받침, 겹받침 낱말

8. 자음이 변하는 낱말

9. 이어져 소리 나는 낱말

어! 한이구나.
네가 날 불렀니?

어머! 나도 모르게 그만
주문을 외웠네. 미안해요, 언니.

근데 내가 잘못 온 것 같지는 않군.
너, 무슨 고민 있지?

언니, 나
신경질 나서
죽겠어요.

이것 좀 보세요!
받아쓰기 60점 받았어요.

60점?
그럼 그전보다 잘한 거 아니니?
열심히 노력했구나.

아니, 빙구 녀석을
꼭 이겨야 된단 말이에요.
그 녀석도 이번에 공부했는지
70점이나 받았어요.

아이코!

언니, 제발 빙구 녀석 코를
납작하게 만드는 방법 좀 알려 줘요.
받아쓰기를 어떻게 잘할 수 있어요?

받아쓰기를 잘하려면 열심히 읽고,
많이 써 봐야 해. 나랑 공부해 볼래?
받아쓰기 100점으로 만들어 줄게.

100점요?
할래요. 언니,
나 좀 도와 줘요.

좋아. 그럼
날 따라 와! 윈윈!

부끄럽지만 나도 한때 '받아쓰기 틀린 문제 쓰기' 숙제를 팔 아프게 했어. 그래서 지금은 받아쓰기 박사가 됐지. 쉬운 것부터 시작하자!

바르게 쓴 낱말 포도송이에 ○를 하세요.

지우게

할머니

배곱

기챠

토끼

줄넘끼

달리기

얼굴

가족

안녕

짝꿍

학교

인사

축하

웃음

개나리

바르게 쓴 낱말을 색칠하고 따라 써 보세요.

기챠	기차	⇨			

배곱	배꼽	⇨			

지우게	지우개	⇨			

줄넘끼	줄넘기	⇨			

82

바르게 쓴 낱말에 ○를 하세요.

① 너무 늦은 시간에 남의 집에 $\dfrac{\text{전화}}{\text{전아}}$ 를 하면 안 돼.

② 길을 $\dfrac{\text{걷던}}{\text{겄던}}$ 할머니가 돌아보았다.

③ $\dfrac{\text{밝은}}{\text{밟은}}$ 달

④ 넘어져서 $\dfrac{\text{무릅}}{\text{무릎}}$ 에 피가 났다.

⑤ 나는 꼬마 요술쟁이 $\dfrac{\text{람니다.}}{\text{랍니다.}}$

⑥ $\dfrac{\text{젓가락}}{\text{젖가락}}$ 으로 음식을 잘 집을 수 있어.

부모님이 불러 주시는 글을 받아 써 보세요.

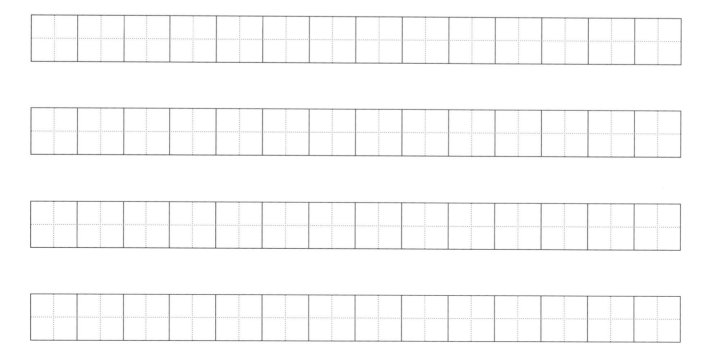

복잡한 모음자가 들어간 낱말은 너무 헷갈려.
어떻게 써야 하는지 잘 기억해 둬.

바르게 쓴 낱말에 ○를 해 보세요.

찌개   찌게   그내   그네   핑게   핑계

민들래   민들레   매다   메다   차레   차례

바르게 쓴 낱말을 색칠하고 따라 써 보세요.

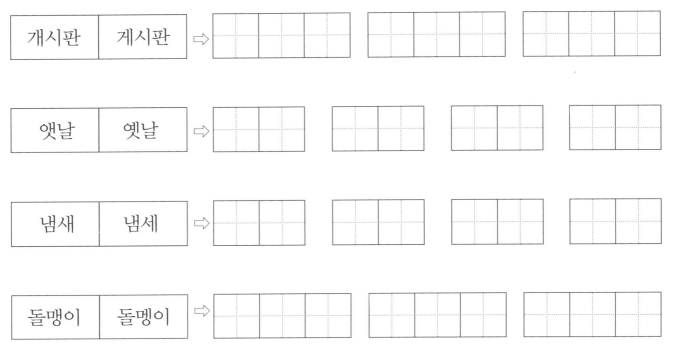

개시판	게시판	⇨

앳날	옛날	⇨

냄새	냄세	⇨

돌맹이	돌멩이	⇨

바르게 쓴 낱말에 ○를 하세요.

① 귀뚤귀뚤 귀뚜라미 밤새 / 밤세 누굴 찾나?

② 빨간 것이 제 모자 에요. / 예요.

③ 집에 어머니 게시니? / 계시니?

④ 애들아 / 얘들아 , 나랑 같이 놀자.

⑤ 동생을 데리고 / 대리고 놀이터에 갔어요.

⑥ 내가 주운 조개 껍대기 / 껍데기 가 참 예뻐요.

부모님이 불러 주시는 글을 받아 써 보세요.

85

바르게 쓴 낱말들을 선으로 이어 징검다리를 만들어 보세요.

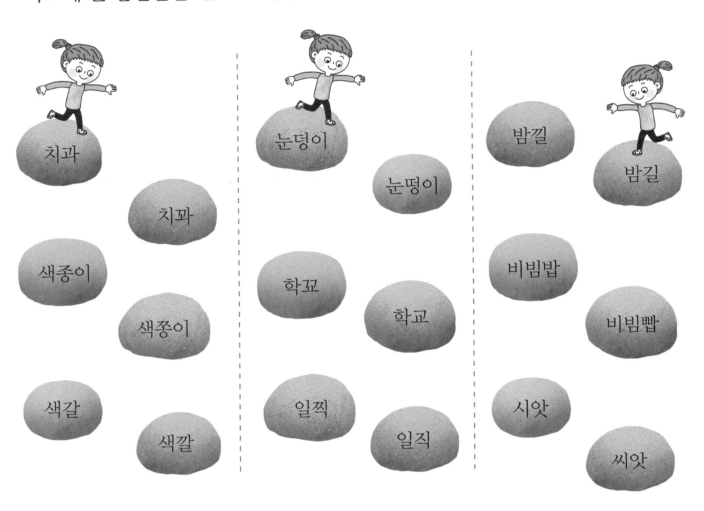

바르게 쓴 낱말을 색칠하고 따라 써 보세요.

| 눈길 | 눈낄 | ⇨ | | | | | | | | | |

| 멋찐 | 멋진 | ⇨ | | | | | | | | | |

| 산골 | 산꼴 | ⇨ | | | | | | | | | |

| 궁금증 | 궁금쯩 | ⇨ | | | | | | | | | |

86

바르게 쓴 낱말에 ○를 하세요.

① $\dfrac{\text{갑자기}}{\text{갑짜기}}$ 소나기가 쏟아졌다.

② $\dfrac{\text{몸집}}{\text{몸찝}}$ 이 큰 민수는 팔 힘도 $\dfrac{\text{쎄다.}}{\text{세다.}}$

③ 어흥! 호랑이가 나타나면 $\dfrac{\text{무섭겠지?}}{\text{무섭겠찌?}}$

④ 너랑 나랑 키가 $\dfrac{\text{똑같구나.}}{\text{똑같꾸나.}}$

⑤ 늦잠을 자서 $\dfrac{\text{허겁지겁}}{\text{허겁찌겁}}$ 달려 나왔다.

⑥ $\dfrac{\text{길까}}{\text{길가}}$ 에 핀 코스모스가 $\dfrac{\text{활짝}}{\text{활작}}$ 웃어요.

부모님이 불러 주시는 글을 받아 써 보세요.

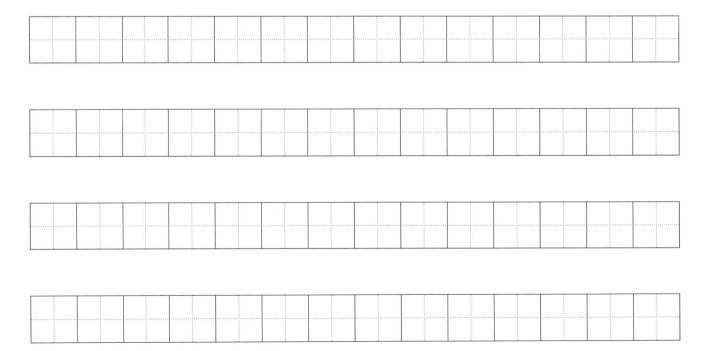

'착하다'는 읽을 때, [차카다]로 소리가 나.
'ㄱ'이 'ㅎ'을 만나서 'ㅋ'으로 소리가 변했기 때문이야.

바르게 쓴 낱말에 ○를 해 보세요.

축하해   추카해

역칼   역할

입학   입팍

동그랗게   동그라케

조타   좋다

행복해   행보케

바르게 쓴 낱말을 색칠하고 따라 써 보세요.

어떻게	어떠케

빨갔게	빨갛게

좋겠다	조캤다

조그마타	조그맣다

바르게 쓴 낱말에 ○를 하세요.

① 길이 마켜서 / 막혀서 버스가 안 와.

② 수학 익힘책 / 이킴책 으로 덧셈 공부를 할 거야.

③ 내가 반장으로 뽀피면 / 뽑히면 좋겠어.

④ 비에 젖어 옷이 축추케. / 축축해.

⑤ 딱딱한 / 딱다칸 오징어를 씹어서 턱이 아파.

⑥ 함박눈이 내려 온 세상이 하얗다. / 하야타.

부모님이 불러 주시는 글을 받아 써 보세요.

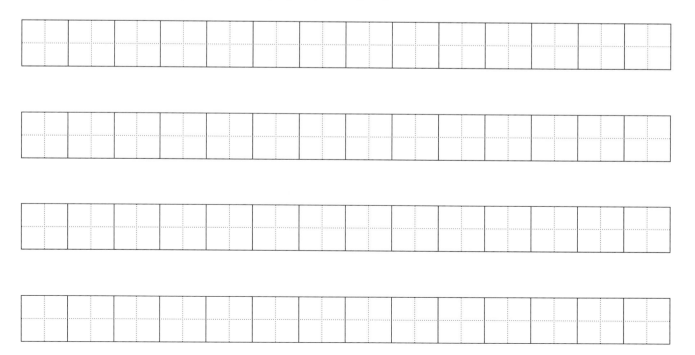

'낱개', '낯', '한낮', '났다'에서 '낱, 낯, 낮, 났'은 모두 읽을 때, [낟]으로 소리가 나. 꼭 기억하렴.

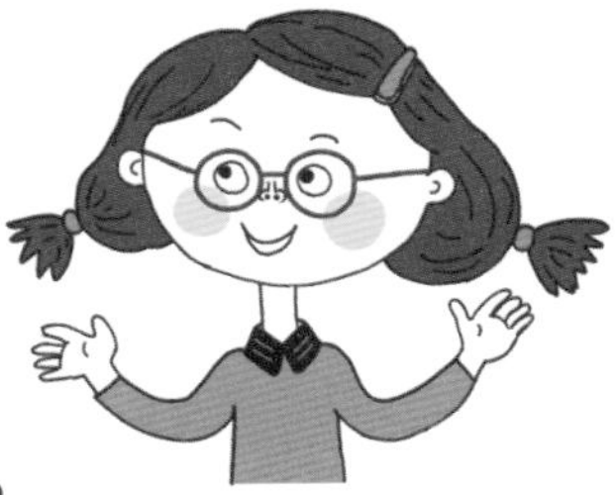

바르게 쓴 낱말을 선으로 이어 징검다리를 만들어 보세요.

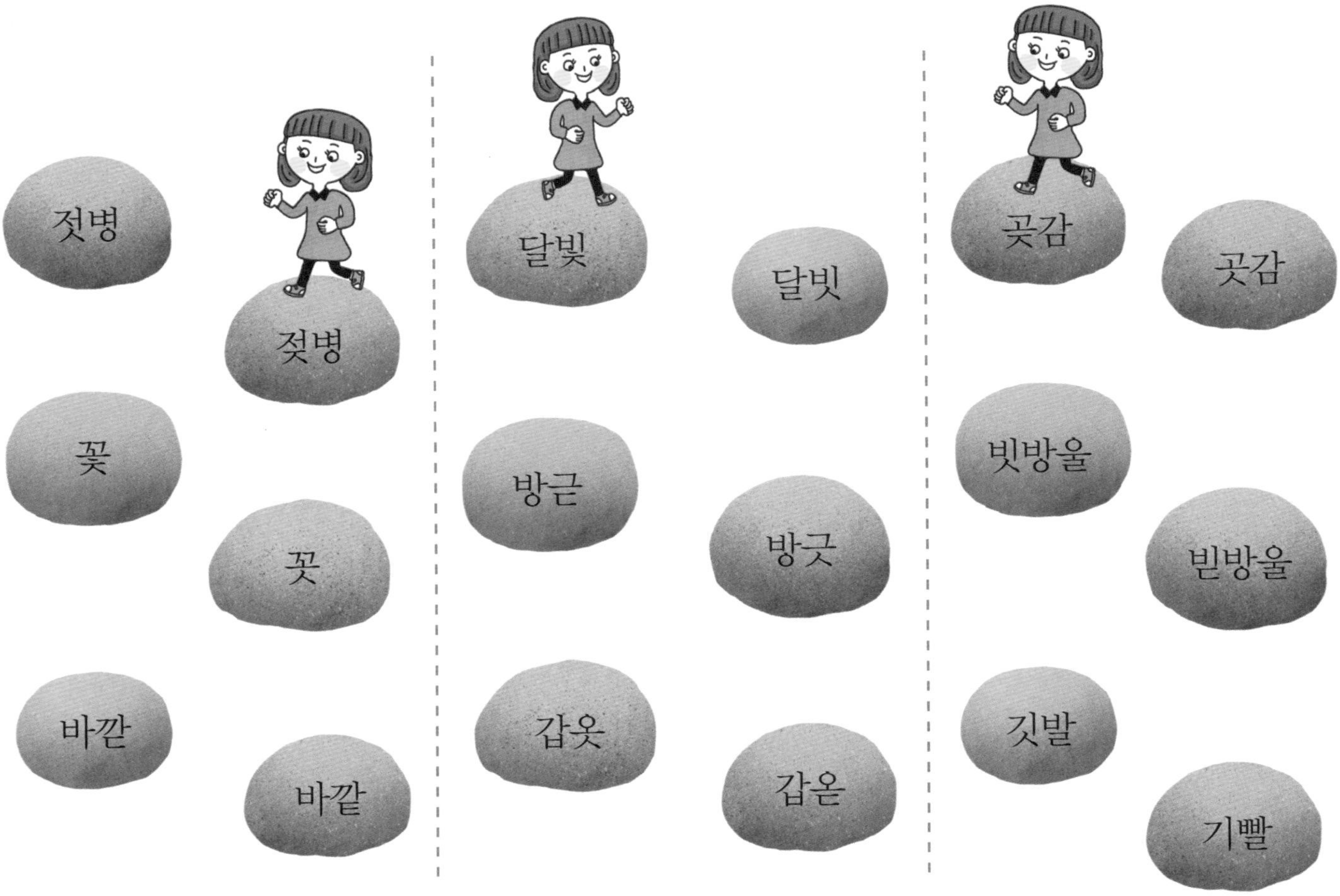
젓병
젖병
꽂
꽃
바깥
바깥
달빛
달빗
방근
방긋
갑옷
갑옫
곶감
곳감
빗방울
빋방울
깃발
기빨

바르게 쓴 낱말을 색칠하고 따라 써 보세요.

햇볕	햇볕	⇨
귇속	귓속	⇨
암컷	암컫	⇨
바닷속	바다속	⇨

바르게 쓴 낱말에 ○를 하세요.

① 아이스크림을 실컷/실컨 먹었더니 배탈이 났어.

② 연못/연묻 속에 사는 청개구리.

③ 줄넘기를 잘해서 상장을 밨았어요./받았어요.

④ 달걀이 알맞게/알맞게 익었다.

⑤ 죄인을 받줄/밧줄 로 꽁꽁 묶어라.

⑥ 넓은 들녁/들녘 에 벼가 익어간다.

부모님이 불러 주시는 글을 받아 써 보세요.

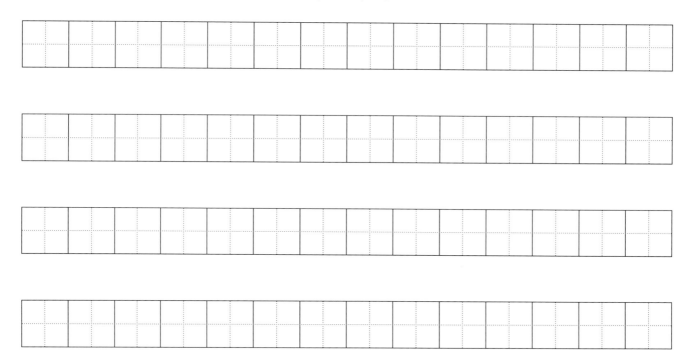

받아쓰기 왕이 되기 위해서는 'ㄲ', 'ㄸ', 'ㅃ', 'ㅆ', 'ㅉ' 등 쌍자음이 들어간 낱말을 어떻게 쓰는지 알아야 해.

바르게 쓴 낱말에 ○를 해 보세요.

나무군　나무꾼

깜짝　깜작

곡대기　꼭대기

뚜꺼비　두꺼비

떡볶이　떡뽁이

폴작　폴짝

바르게 쓴 낱말을 색칠하고 따라 써 보세요.

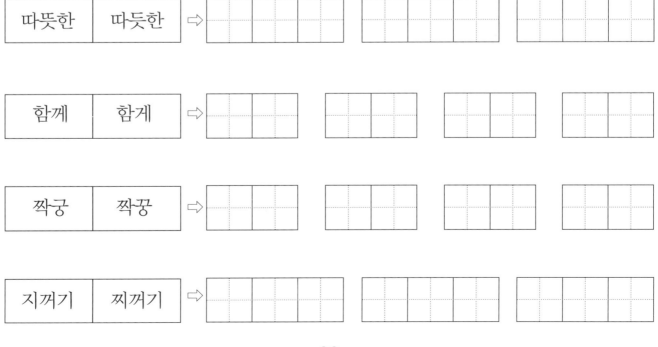

| 따뜻한 | 따듯한 | ⇨ | | | | | | | | | | | |

| 함께 | 함게 | ⇨ | | | | | | | | | | | |

| 짝궁 | 짝꿍 | ⇨ | | | | | | | | | | | |

| 지꺼기 | 찌꺼기 | ⇨ | | | | | | | | | | | |

바르게 쓴 낱말에 ○를 하세요.

① 아기는 고개를 $\dfrac{\text{그떡}}{\text{끄떡}}$ 했다.

② $\dfrac{\text{곰짝}}{\text{꼼짝}}$ 말고 그 자리에 서 있어.

③ 맛있는 냄새에 침이 $\dfrac{\text{꿀꺽}}{\text{굴꺽}}$ 넘어갔다.

④ 할머니가 가져오신 음식 $\dfrac{\text{봇다리}}{\text{보따리}}$

⑤ $\dfrac{\text{햅살}}{\text{햅쌀}}$ 로 갓 지어 맛있는 밥.

⑥ 강물에 신발을 $\dfrac{\text{바뜨렸다.}}{\text{빠뜨렸다.}}$

부모님이 불러 주시는 글을 받아 써 보세요.

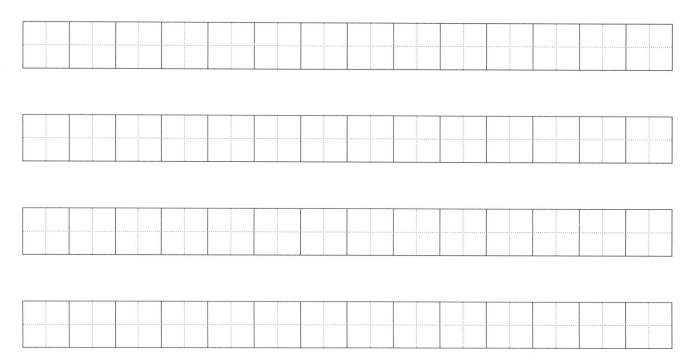

바르게 쓴 낱말을 선으로 이어 징검다리를 만들어 보세요.

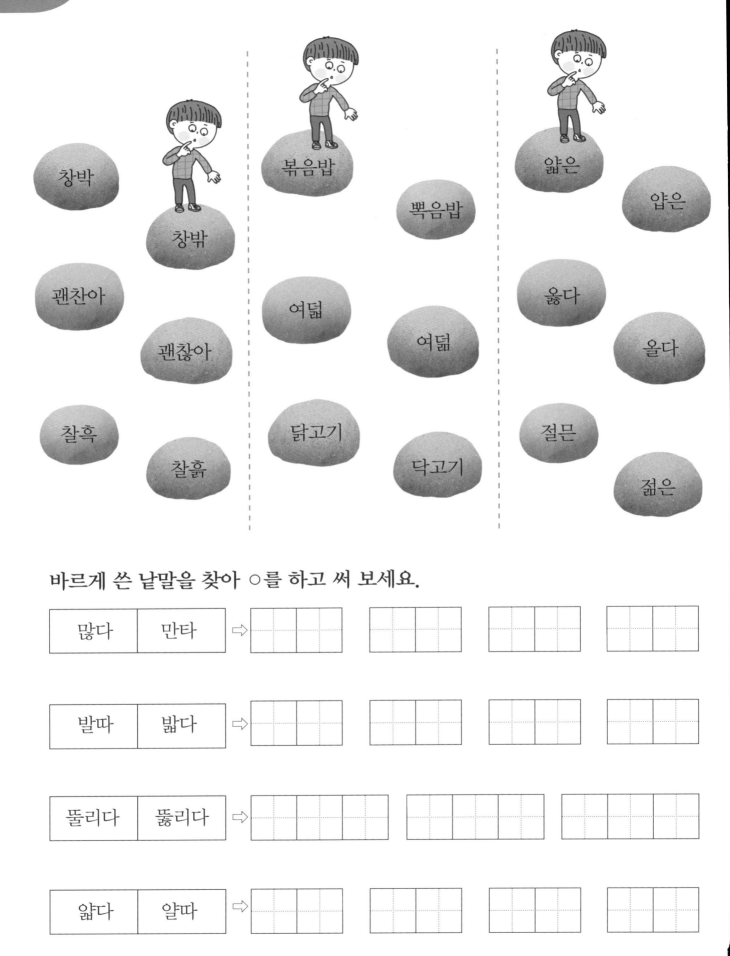

바르게 쓴 낱말을 찾아 ○를 하고 써 보세요.

| 많다 | 만타 | ⇨ | | | | | |

| 발따 | 밟다 | ⇨ | | | | | |

| 뚤리다 | 뚫리다 | ⇨ | | | | | |

| 얇다 | 얄따 | ⇨ | | | | | |

바르게 쓴 낱말에 ○를 하세요.

① 책상 위에 $\dfrac{\text{언저}}{\text{얹어}}$ 둔 책을 못 봤니?

② 할아버지 등을 $\dfrac{\text{긁어}}{\text{글거}}$ 드렸다.

③ 그건 $\dfrac{\text{갑이}}{\text{값이}}$ 비싸서 못 $\dfrac{\text{샀다.}}{\text{삿다.}}$

④ 자리에 $\dfrac{\text{앉아서}}{\text{안자서}}$ 책을 $\dfrac{\text{읽어라.}}{\text{일거라.}}$

⑤ 바다처럼 $\dfrac{\text{널은}}{\text{넓은}}$ 부모님 마음.

⑥ 구멍 $\dfrac{\text{뚤린}}{\text{뚫린}}$ 내 양말.

부모님이 불러 주시는 글을 받아 써 보세요.

95

'국물'을 읽으면 [궁물]로 소리 나지?

이처럼 글자와 소리가 다른 낱말은 특히 조심해야 해.

바르게 쓴 낱말에 ○를 해 보세요.

꽃잎   꼰잎   칼랄   칼날   소꿈놀이   소꿉놀이

시냇물   시낸물   달님   달림   날로   난로

바르게 쓴 낱말을 색칠하고 따라 써 보세요.

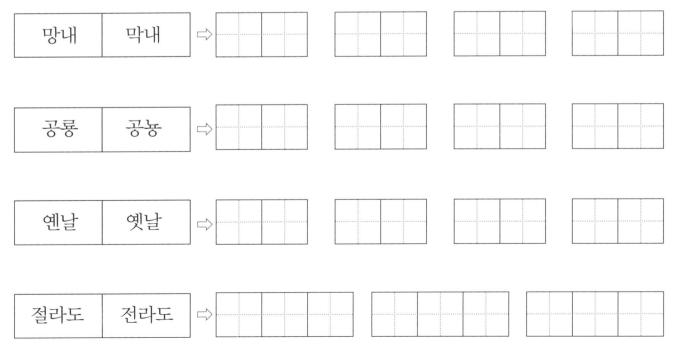

| 망내 | 막내 | ⇨ | | | | | | | | | | | |

| 공룡 | 공뇽 | ⇨ | | | | | | | | | | | |

| 옌날 | 옛날 | ⇨ | | | | | | | | | | | |

| 절라도 | 전라도 | ⇨ | | | | | | | | | | | |

바르게 쓴 낱말에 ○를 하세요.

① 우리나라를 대표하는 　대통령.
　　　　　　　　　　　　대통영.

② 아기가 칭얼대며 　웁니다.
　　　　　　　　　　읍니다.

③ 회장은 친구를 　돕는　 사람이야.
　　　　　　　　 돔는

④ 　밀짐보자　 를 쓴 허수아비 아저씨.
　　밀짚모자

⑤ 어제는 까치 　설랄　 , 오늘은 우리 　설랄　 .
　　　　　　　 설날　　　　　　　　　 설날

⑥ 커다란 개가 멍멍 　진는다.
　　　　　　　　　　 짖는다.

부모님이 불러 주시는 글을 받아 써 보세요.

97

'구름이'를 읽으면 [구르미]로 소리가 나지?

앞 글자의 받침이 뒤 글자에 이어져서 소리 나는 낱말을 기억하렴.

바르게 쓴 낱말들을 선으로 이어 징검다리를 건너가 보세요.

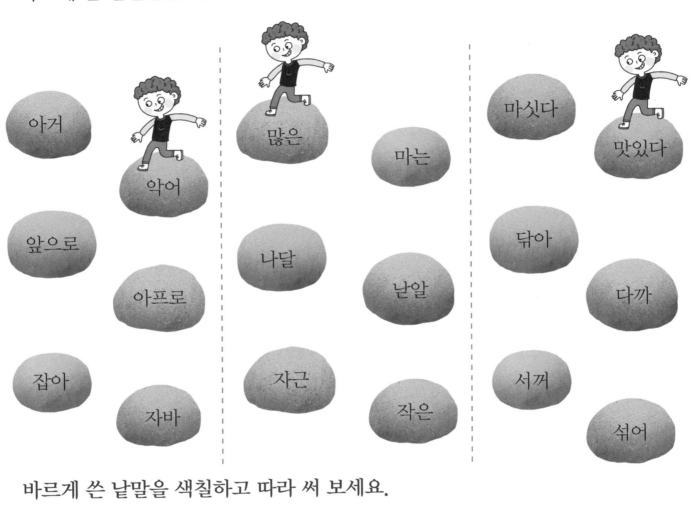

바르게 쓴 낱말을 색칠하고 따라 써 보세요.

책꼬지	책꽂이	⇨													

연필깎이	연필까끼	⇨													

손자비	손잡이	⇨													

길이	기리	⇨													

바르게 쓴 낱말에 ○를 하세요.

① 밤새 눈으로 $\dfrac{뒤덮인}{뒤더핀}$ 거리.

② 매미 소리가 $\dfrac{숲소게}{숲속에}$ 울려 퍼졌다.

③ 나랑 빵을 같이 $\dfrac{머글래?}{먹을래?}$

④ 꽃밭에서 활짝 핀 민들레를 $\dfrac{찾았다.}{차잤다.}$

⑤ 자리 밑에 떨어진 쓰레기를 깨끗이 $\dfrac{쓰렀다.}{쓸었다.}$

⑥ 네 노래를 듣고 $\dfrac{싶어.}{시퍼.}$

부모님이 불러 주시는 글을 받아 써 보세요.

99

5. 용이의 미션

읽은 내용
이해하기

1. 설명 글 ①

2. 설명 글 ②

3. 주장하는 글 ①

4. 주장하는 글 ②

5. 이야기 ①

6. 이야기 ②

7. 이야기 ③

8. 생활문 ①

9. 생활문 ②

10. 생활문 ③

아니지. 오누이의 엄마는 호랑이에게 떡을 줬잖아.

나?

언제 그랬니? 호랑이는 배가 고파서 죽었어.

너 《해와 달이 된 오누이》를 읽기나 했니?

그럼 누구 말이 맞나 내기 할래? 내가 지면 이 과자 너한테 다 줄게.

좋아. 내가 지면 너한테 내일 과자 한 봉지 새로 사 줄게.

위니 누나, 도와주세요!

빙글

빙글

펑

드디어 너로구나. 무슨 일이니?

뭐 하는 거야?

아하

쑥떡 쑥떡

아자! 그것 봐, 내가 맞지?

용아, 너 이야기 읽은 거 맞니? 일단 과자부터 친구한테 줘.

용이 너 좀 수상해! 《금도끼 은도끼》에서 나무꾼은 어떤 도끼를 얻었니?

음, 도끼를 연못에 버려서 산신령이 나타나서 혼내지 않았어요?

어이구!

헤헤. 내가 원래 좀 그래요. 읽어도 무슨 내용인지 잘 모르겠더라고요.

읽었으면 뜻을 알아야지. 글 읽을 때 딴생각했니? 졸았니?

너 안 되겠어. 나랑 읽기 공부 좀 해야겠다. 요즘 한가하니 도와줄게.

누나랑 공부하면 나도 읽은 내용을 다 이해할 수 있을까요?

그럼! 나를 믿고 따라 와! 윈윈!

103

설명 글을 읽을 때에는 어떤 사실을 알려 주는지 항상 생각하렴!

글을 읽고 물음에 답하세요.

연날리기는 아주 오랜 옛날부터 전해져 오는 민속놀이이다. 연날리기는 주로 겨울에 하는 놀이였다. 연날리기를 하는 시기는 설날 즈음부터 정월 대보름까지였다. 겨울 동안 연날리기를 하다가 정월 대보름날 연줄을 끊어 연을 하늘 멀리 날려 보냈다. 연을 날려 보내며 한 해 동안 나쁜 일이 생기지 않도록 기도를 드리기도 했다.

연날리기를 하려면 넓은 공간이 필요하다. 연줄을 길게 풀어서 연을 멀리 날려 보내야 하므로 주변에 장애물이 없는 넓은 땅에서 연을 날렸다. 농사가 끝난 빈 논, 강가, 들판 등에 모여 사람들은 찬 바람을 맞으며 신나게 연날리기를 하였다. 어린 아이부터 노인까지 겨울이 되면 연을 날리는 모습을 매우 흔하게 볼 수 있었다.

1) 이 글에서 가장 중요한 낱말을 찾아 쓰세요.

2) 글의 내용에 대해 설명이 바른지 ○, ×로 표시하세요.

① 연날리기는 옛날부터 해 왔다. (　　)
② 연날리기는 좁은 공간에서도 쉽게 할 수 있다. (　　)
③ 연날리기는 겨울철에 하는 민속놀이이다. (　　)
④ 연날리기는 동네 아이들만 좋아하는 놀이였다. (　　)

3) 이 글을 읽고 알 수 있는 사실을 <u>모두</u> 고르세요. (　　　　)

① 연날리기를 하는 시기　　② 연의 종류　　③ 연날리기에서 이기는 법
④ 연날리기를 하는 장소

글을 읽고 물음에 답하세요.

가족 나들이 도시락이나 간식으로 좋은 샌드위치.

간단하게 먹을 수 있고 맛과 영양이 가득한 '샌드위치 만들기'에 대해 알아보겠습니다.

샌드위치를 만들려면 식빵 2장, 달걀 1개, 양상추 1장, 양파 1개, 베이컨 2줄, 토마토 1개, 치즈 1장, 머스터드 소스, 마요네즈가 필요합니다.

먼저 양파는 매운 맛을 빼 주기 위해 채 썰어서 물에 담가 둡니다. 토마토는 얇게 잘라 두세요. 그리고 프라이팬에 식용유를 둘러서 달걀과 베이컨을 각각 구워 주세요. 이때 식빵도 약간 노릇하게 구워 주시면 좋아요.

다음으로 머스터드 소스와 마요네즈를 섞어서 식빵에 발라 주세요. 그리고 식빵 위에 양상추, 토마토, 달걀, 베이컨, 양파, 치즈를 얹어 주세요. 마지막으로 남은 식빵을 덮어서 살짝 눌러 줍니다.

이제 샌드위치를 맛있게 드시면 됩니다.

어때요? 어렵지 않죠? 이번 주말에는 온 가족이 함께 샌드위치 만들기를 해 보면 어떨까요?

1) 이 글에서 가장 중요한 낱말을 찾아 쓰세요.

2) 이 글은 어떤 방법으로 대상을 설명하고 있나요? (   )

① 문제점과 해결 방법   ② 공통점과 차이점   ③ 순서에 따라
④ 원인과 결과

3) '샌드위치 만들기 순서'에 맞게 기호를 순서대로 써 보세요. (   )

㉠ 달걀과 베이컨 굽기   ㉡ 양파를 채 썰기   ㉢ 식빵을 덮어서 살짝 누르기
㉣ 재료를 식빵에 얹기   ㉤ 식빵에 소스를 바르기

글을 읽고 물음에 답하세요.

나비와 나방의 (   )

꽃밭에서 팔랑팔랑 예쁜 날개를 움직이며 날아다니는 나비를 본 적이 있죠? '나비야, 나비야. 이리 날아오너라.'라고 노래도 불러 보았을 거예요. 그런데 얼마 전에 이런 일이 있었어요. 길을 가다가 담벼락에 붙어 있는 나비를 보고 "와! 나비다."라고 말했지요. 옆에 있던 어머니가 "그건 나비가 아니라 나방이야."라고 말하는 거예요. 내가 보기에는 나비랑 똑같이 생겼는데, 왜 어떤 것은 나비라고 하고 또 어떤 것은 나방이라고 하는지 궁금했어요. 그래서 나비와 나방이 어떻게 다른지 알아보았어요.

나비와 나방은 생김새가 비슷해서 헷갈리기 쉬워요. 나비가 몸통 양쪽으로 두 쌍의 날개가 있듯이 나방도 똑같이 두 쌍의 날개가 있어요. 그리고 나비와 나방은 모두 곤충 종류입니다. 또 알에서 애벌레, 번데기를 거쳐서 어른이 되는 한살이 과정도 같습니다. 여러 가지 특징으로 봤을 때 나비와 나방은 거의 비슷한 종류입니다.

하지만 조금만 자세히 관찰해 보면 구분할 수 있어요. 우선 나비는 앉을 때에 날개를 위로 접어서 앉아요. 그런데 나방은 날개를 펼친 채로 앉습니다. 나비는 주로 낮에 활동하지만, 나방은 밤에 활동하는 것들이 많습니다. 또 나비의 더듬이는 가늘고 길며 끝이 둥글게 마디로 되어 있습니다. 나방의 더듬이는 수컷은 굵고 털이 많으며 암컷은 가늘고 길지만 나비처럼 끝에 둥근 마디가 없습니다.

이제 나비와 나방이 어떻게 다른지 알았으니까 이름을 제대로 불러 줄 거예요.

1) (　　) 속에 들어갈 말은 어느 것일까요? (　　　　)

① 차이점　　② 좋은 점　　③ 쓰임새　　④ 이용 방법

2) 나비와 나방의 닮은 점을 한 가지 찾아서 써 보세요.

_____

_____

3) 나비와 나방의 다른점을 한 가지 찾아서 써 보세요.

나비 :
_____

_____

나방 :
_____

_____

4) 이 글을 읽고 무엇을 알게 되었나요? (　　　　)

① 나방의 종류　　② 나비가 사는 곳　　③ 나비와 나방의 먹이
④ 나비와 나방을 구분하는 방법

글쓴이가 나에게 알려 주고 싶은 게 무엇인지를 찾으면
글의 중심 내용을 쉽게 기억할 수 있어.

주장하는 글을 읽을 때에는 세 가지를 살펴봐야 해.
① 글쓴이가 주장하는 것 ② 주장에 대한 까닭
③ 주장하는 내용이 믿을 만한지

글을 읽고 물음에 답하세요.

너희는 약속에 대해서 어떻게 생각하니? 친구끼리 한 사소한 약속은 안 지켜도 된다고 생각해? 며칠 전에 있었던 일이야. 내 얘기 좀 들어 봐.

학교 마치고 친구와 놀이터에서 만나기로 했어. 나는 약속을 지키려고 동생이 같이 놀자고 했지만 서둘러 놀이터로 갔어. 그런데 그 친구는 30분이나 늦게 나왔지 뭐야. 어머니 심부름을 하고 왔대. 그럴 줄 알았으면 나도 동생이랑 놀다 올 걸 그랬지 뭐야! 약속을 했으면 꼭 지켜야 해. 약속 시간에 늦는 건 상대방의 시간을 빼앗는 일이야. 그리고 약속을 지킨 사람은 마음이 상하고 기분이 나빠져. 또 기다리는 시간 동안 지루하고 힘들게 돼.

만약에 아주 급한 일이 생겼다면 미리 연락을 해서 약속 시간을 미루든지 다음에 만나자고 해야 해. 앞으로 너희들은 약속을 어기는 일이 없었으면 좋겠어.

작은 약속도 약속이야. 한 번 한 약속은 꼭 지키도록 노력하자.

1) 글쓴이는 친구와 어떤 약속을 하였나요?

_____

2) 글쓴이의 주장이 드러난 문장을 찾아 밑줄을 그어 보세요.

3) 글쓴이가 내세운 주장에 대한 까닭을 <u>모두</u> 고르세요. (   )

① 상대방의 시간을 빼앗는다.   ② 기다리는 동안 지루하다.
③ 동생과 사이좋게 놀아야 한다.   ④ 급한 일이 생기면 약속을 못 지킨다.

글을 읽고 물음에 답하세요.

(   )을 먹자

　　요즘 아침밥을 안 먹는 친구들이 꽤 있습니다. 늦잠을 자서, 아침밥이 잘 안 넘어가서, 그냥 먹기 싫어서, 살이 찔까 봐 등 아침밥을 안 먹는 친구들의 말을 들어 보면 이유도 다양합니다. 그런데 아침밥을 안 먹으면 여러 가지 문제점이 생긴다고 합니다.

　　아침밥은 두뇌 회전을 도와줍니다. 밤 동안 휴식 상태에 있던 두뇌를 깨우려면 아침밥을 먹어야 합니다. 또 학교에서 집중해서 공부하고, 실력이 쑥쑥 올라가게 하려면 아침밥을 꼭 먹어야 합니다.

　　아침밥은 우리 몸을 균형 있게 만들어 줍니다. 아침밥을 먹으면 살이 찐다고 생각하기 쉬운데, 오히려 아침밥을 안 먹으면 오후에 밥을 많이 먹게 되어서 비만에 걸리기 쉽습니다.

　　또 아침밥은 체력을 키워 줍니다. 아침밥을 먹지 않으면 낮 동안 필요한 몸의 에너지가 모자라서 힘이 부족해집니다. 튼튼하고 씩씩하게 하루를 보내려면 아침밥을 꼭 먹어야 합니다.

　　그동안 아침밥을 먹지 않은 친구들은 이제부터 아침밥을 꼭 챙겨 먹읍시다. 아침밥을 먹어야 건강하고 활기차게 살아가는 힘이 생깁니다.

1) (　) 속에 들어갈 말을 써 보세요.　　　　　＿＿＿＿＿＿을 먹자.

2) 글쓴이가 이 글을 쓰게 된 까닭은 무엇일까요? (　　　　)

① 배가 고파서　　　② 아침밥을 많이 먹어서
③ 살을 빼고 싶어서　　④ 아침밥을 안 먹는 친구들이 있어서

3) 글쓴이의 주장에는 '주', 까닭에는 '까'라고 쓰세요.

① 아침밥을 꼭 챙겨 먹읍시다. (　　)
② 아침밥은 두뇌 회전을 도와 줍니다. (　　)

글을 읽고 물음에 답하세요.

적당한 운동을 하자

운동이 건강에 도움이 된다는 사실은 모두가 알고 있다. 그런데 누구나 다 알고 있는 이 사실을 막상 실천하지 못하는 친구들이 많다. 주변의 친구들을 보면 텔레비전이나 스마트폰은 보면서 운동은 하지 않는다. 그리고 학원에 가거나 공부 때문에 운동할 시간이 없다는 친구도 있다. 어린이에게 적당한 운동은 반드시 필요하다. 어린이에게 운동이 필요한 까닭을 알아보자.

먼저 운동은 체력을 좋게 한다. 한창 키가 크고 몸이 성장해야 하는 시기에 운동을 하지 않으면 건강한 몸을 만들 수 없다. 적당하게 운동을 해야 성장에 도움이 되고, 비만도 막을 수 있다.

그리고 운동을 하면 집중력이 높아진다. 하루 종일 책만 보고 공부만 하면 집중력이 떨어진다. 햇볕을 쬐며 밖에서 운동을 하면 스트레스가 사라지고 공부에 도움이 된다.

또 운동을 하면 친구와 가깝게 지낼 수 있다. 운동은 여럿이 함께하는 경우가 많다. 그래서 운동을 하다 보면 많은 친구들을 사귈 수 있고, 성격도 밝아진다.

그동안 운동을 못했던 친구들은 이제부터라도 적당한 운동을 하자. 친구들과 모여서 줄넘기를 할 수도 있다. 운동장에서 달리기를 해도 되고, 동네를 가볍게 걸어 봐도 좋다. 공놀이도 좋은 운동이다. 건강을 얻고 싶다면 더 늦기 전에 적당한 운동을 하자.

1) 글쓴이가 생각한 문제점은 무엇인가요? (   )

① 운동을 안 하는 친구들이 있다.　② 친구들이 서로 친하지 않다.
③ 동네에 놀이터가 부족하다.　　④ 텔레비전을 많이 보면 안 된다.

2) 글쓴이의 주장과 까닭을 한 가지씩 빈칸에 써 보세요.

주장 :
_____

까닭 :
_____

_____

3) 글의 내용에 맞는 것에는 ○, 아닌 것에는 ×를 하세요.

① 운동을 하면 체력이 좋아진다. (   )
② 운동장에는 운동을 열심히 하는 친구들이 많이 있다. (   )
③ 운동을 하면 잠을 푹 잘 수 있어서 기분이 좋아진다. (   )
④ 운동을 하면 집중력이 좋아져서 공부에 도움이 된다. (   )

4) 적당한 운동을 실천할 수 있는 나만의 방법을 써 보세요.

_____

_____

전래동화를 읽고 물음에 답하세요.

혹부리 영감

혹부리 영감은 도깨비들 앞에서 덩실덩실 춤을 추며 노래를 불렀어. 노래가 어찌나 흥겹던지 도깨비들은 모두 노랫가락에 흠뻑 빠져들었지 뭐야.

"아무래도 영감의 저 혹이 노래 주머니로구먼. 우리도 저 혹만 있으면 노래를 잘할 수 있을 텐데."

"영감, 그 혹을 우리에게 주면 금은보화를 한가득 주겠소."

도깨비들이 혹부리 영감에게 혹을 달라고 부탁하였어. 혹부리 영감은 그 말을 듣고 깜짝 놀랐지.

'아니, 귀찮은 혹을 주면 금은보화를 준다니!'

이렇게 해서 혹부리 영감은 지긋지긋하던 혹을 떼어 내고, 대신 지게 가득 금은보화를 짊어지고 집으로 돌아왔단다. 혹도 떼어 내고 부자가 된 영감은 할머니와 행복하게 살아갔어.

이웃 마을의 욕심 많은 혹부리 영감도 이 소문을 듣게 되었어. 욕심 많은 영감은 자기도 혹시나 하는 생각에 지게를 지고 산으로 가서 도깨비가 나타나기를 기다렸지. 한밤중이 되자 도깨비가 나타났어.

"이것 보시오. 내 노래 한번 들어보지 않겠소?"

영감은 먼저 도깨비들 앞에 나서서 노래를 부르려고 하였어.

"아니, 이런 사기꾼 영감 같으니라고! 우리를 속이더니 또 나타나? 지난번 혹까지 도로 가져가시오."

도깨비들은 화가 나서 영감의 얼굴에 혹을 하나 더 달아 주었어.

"아이고, 하나도 무거운데 혹을 두 개나 달게 되었네. 괜히 욕심을 부리다가 그만……."

욕심 많은 영감은 혹을 떼러 갔다가 하나를 더 달고는 터덜터덜 마을로 내려왔단다.

1) 이야기에 등장한 인물을 <u>모두</u> 고르세요. (   )

① 도깨비   ② 산신령님   ③ 혹부리 영감   ④ 욕심쟁이 할머니

2) 빈칸에 들어갈 말을 〈보기〉에서 찾아 쓰세요.

보기	욕심 도깨비 혹 노래 금은보화

혹부리 영감은 (   ) 앞에서 (   )를 불렀다. 그러자 도깨비들은
영감의 (   )이 노래 주머니라 생각하고, 자기에게 달라고 하였다. 그래서 혹
부리 영감은 (   )을 주는 대신 (   )를 잔뜩 받아서 집으로 돌아왔다.
  이 소식을 알게 된 이웃 마을의 (   ) 많은 혹부리 영감은 자기도 도깨비를
찾아 산으로 갔다.

3) 인물의 마음이 어떠했을지 생각하며 어울리는 말을 선으로 이으세요.

| 혹을 뗀
혹부리 영감 | ● | ● | 기쁨 |

| 혹을 얻은
혹부리 영감 | ● | ● | 후회 |

4) 이 이야기가 우리에게 주는 가르침은 무엇일까요? (   )

① 욕심을 부리면 안 된다.   ② 노래를 잘 불러야 한다.
③ 가족끼리 행복해야 한다.   ④ 불쌍한 사람을 도와주어야 한다.

글을 읽고 물음에 답하세요.

한결이가 지친 얼굴로 집으로 들어왔다.

"다녀왔습니다."

목소리에도 힘이 없었다.

"아이고, 넘어졌다. 민규 엉덩이가 남아나질 않겠다."

엄마는 태어난 지 열 달 된 동생 민규를 보고 있었다. 민규는 엉덩방아를 찧으며 일어섰다 넘어지기를 반복했다. 엄마는 그런 민규가 재미있는지 까르르 웃었다.

"그런데 너 왜 그렇게 지쳐 보여?"

"죄송해요. 또 30점밖에 못 맞았어요."

"또? 어제 연습 많이 했잖니? 그래도 어려웠어?"

"난 받아쓰기가 너무 싫어요. 내일 받아쓰기 시험을 다시 친대요."

한결이는 고개를 푹 숙였다.

"음. 우리 아들 벌써 포기야? 그렇다면 엄마는 좀 실망인데."

엄마가 한결이에게 다가가며 말했다. 한결이는 대답할 말이 없었다.

"엄마가 실망한 건 너의 30점짜리 받아쓰기 시험이 아니야. 힘없이 포기하는 네 마음이 실망이야. 고작 그거 하고 포기해? 민규 좀 봐. 아기들이 걸음마를 배우려면 3천 번 정도 넘어져야 한대. 겨우 몇 번 망쳤다고 포기하면 영영 받아쓰기는 못 할걸?"

정말 민규는 잠시도 쉬지 않고 일어났다 넘어지기를 반복했다.

"3천 번요? 받아쓰기를 3천 번이나 어떻게 해요?"

"3천 번 하라는 소리가 아니야. 네가 할 수 있는 만큼은 노력해야지."

"좋아요. 나도 민규처럼 엉덩이가 아프도록 넘어져 볼게요. 오늘 30점 맞았으니까 내일은 40점을 목표로 연습할게요."

"역시 우리 아들이야. 한결이, 파이팅!"

1) 이야기의 중심인물은 누구인지 이름을 쓰세요. (　　　　　　)

2) 일어난 일에 대한 원인과 결과의 관계가 <u>아닌</u> 것을 고르세요. (　　　　　)

원 인	결 과
① 민규가 계속 엉덩방아를 찧었다.	한결이의 목소리에 힘이 없었다.
② 한결이가 받아쓰기 시험을 망쳤다.	한결이가 지친 얼굴로 집으로 왔다.
③ 어머니가 충고해 주셨다.	한결이가 힘을 내어서 다시 노력하려고 하였다.
④ 한결이는 노력해도 받아쓰기 점수가 좋아지지 않았다.	한결이는 받아쓰기가 너무 싫었다.

3) 일어난 일의 순서에 맞게 빈칸에 번호를 적으세요.

한결이가 지친 얼굴로 집으로 돌아옴.

한결이가 받아쓰기 연습을 열심히 하기로 결심함.

받아쓰기 시험을 망쳐서 받아쓰기가 싫음.

어머니가 한결이에게 충고를 해 줌.

글을 읽고 물음에 답하세요.

고려시대 문익점이 중국에 사신으로 가 있을 때의 일입니다. 어느 날 문익점은 농부가 밭에서 하얀 솜덩이를 따서 담고 있는 걸 보았습니다. 처음 보는 신기한 것이어서 문익점이 농부에게 물었습니다.

"이보시오, 이게 뭡니까?"

"목화라고 합니다. 목화로 뽑은 실로 옷을 만들면 겨울에도 따뜻하게 입을 수 있지요."

문익점은 깜짝 놀랐습니다. 고려에는 목화가 없어서 백성들이 추위에 떨고 있었기 때문입니다.

'목화 씨앗을 가져가서 고려의 백성들도 따뜻한 옷을 입게 해야겠어.'

그런데 문제가 있었습니다. 목화 씨앗은 중국에서도 매우 귀한 것이라 다른 나라 사람이 목화 씨앗을 가져가다 들키면 큰 벌을 받아야 했기 때문입니다. 문익점은 곰곰이 궁리를 했습니다.

'아! 이런 방법이 있었지. 붓두껍에 몰래 넣어 가면 아무도 모를 거야.'

문익점은 붓두껍에 목화 씨앗을 숨겼습니다. 다행히 들키지 않고 목화 씨앗을 고려로 가져왔습니다.

문익점은 정성을 들여 목화 씨앗을 심고 길렀습니다. 몇 년 동안 노력한 끝에 드디어 목화를 수확했습니다.

"이게 목화솜이라는 겁니다. 이것으로 실을 뽑아 옷감을 만들어 보세요. 솜옷을 입으면 겨울에도 따뜻하게 지낼 수 있어요."

문익점은 많은 백성들이 따뜻하게 겨울을 지낼 수 있도록 목화를 널리 알리고 다녔습니다. 문익점의 노력으로 목화는 고려 전체에 퍼졌습니다.

"목화솜으로 옷을 지어 입으니 정말 따뜻해."

목화솜 때문에 고려의 백성들은 겨울을 지내기가 한결 편안해졌습니다.

1) 이야기에서 일어난 일이 <u>아닌</u> 것을 고르세요. (   )

① 고려에는 원래 목화가 없었다.
② 문익점은 중국에 사신으로 갔었다.
③ 문익점은 정성을 다해 목화를 길렀다.
④ 농부는 문익점에게 목화 씨앗을 주었다.

2) 글 속에 나온 낱말과 그 뜻을 바르게 연결하세요.

사신 •	• 다 자란 농작물을 거두어 들임
붓두껍 •	• 붓대에 끼워 두는 뚜껑
수확 •	• 나라의 일로 외국에 나간 신하

3) 빈칸에 알맞은 말을 쓰세요.

문익점은 (   )을 고려로 가져와서 백성들이 따뜻한 겨울을 날 수
있게 해 주었다.

4) 가장 먼저 일어난 일에는 ○, 맨 나중에 일어난 일에는 ×를 하세요.

목화 씨앗을 붓두껍에 몰래 숨겨서 가져왔다.	문익점은 농부가 밭에서 하얀 솜덩이를 따서 담는 걸 보았다.	문익점은 목화솜을 널리 알리기 위해 노력하였다.

일기를 읽고 물음에 답하세요.

4월 25일 월요일, 하루 종일 비가 줄줄
화단에서 만난 민달팽이

아침부터 비가 왔다. 많이 쏟아지는 비는 아니었지만, 솔솔 조금씩 계속 내렸다. 학교를 마치고 집으로 가는 길에 화단에서 무언가 이상한 것을 보았다. 그냥 지나치려고 했는데, 궁금해서 발길을 돌렸다. 나무에 민달팽이 두 마리가 꼬물꼬물 붙어 있었다. 손가락으로 살짝 건드려 보니 죽은 듯이 멈추어 버렸다. 옷을 홀딱 벗고 있는 것 같아서 조금 징그럽기는 했다. 하지만 자꾸 보니까 귀여운 데도 있었다. 나는 민달팽이를 한참 보았다. 나무에 붙은 민달팽이가 풀숲에서 오래오래 살았으면 좋겠다.

5월 20일 금요일, 맑은 하늘에 봄바람 솔솔
(   )

학교에서 이어달리기를 했다. 우리 반 친구들이 세 팀으로 나누어서 이어달리기를 했다. 나는 우리 팀의 세 번째 주자였다. 내 차례를 기다리는 동안, 가슴이 두근거렸다. 드디어 내 차례가 되었다. 내 앞의 친구에게 배턴을 넘겨받고는 온 힘을 다해서 달렸다. 다행히 우리 팀이 일등으로 달리고 있었다. 그런데 다음 주자에게 배턴을 넘기다가 그만 발이 엇갈려 넘어지고 말았다. 겨우 배턴을 다시 주워서 넘겨 줬지만 우리 팀은 꼴찌를 했다. 모든 게 나 때문인 것 같아서 친구들에게 미안했다. 그래도 친구들은 "괜찮아, 다음에는 일등 하자."라고 말해 주었다.
친구들의 말이 너무나 고마웠다.

1) 일기를 쓴 날에 어울리는 그림을 선으로 이어 보세요.

4월 25일
일기

●

●

5월 20일
일기

●

●

2) 일기의 내용에 대해 바르게 설명한 것을 고르세요. (   )

① 처음 일기는 맑은 날에 썼다.

② 두 번째 일기의 글쓴이는 달리기를 못 한다.

③ 처음 일기의 글쓴이는 민달팽이가 싫었다.

④ 두 번째 일기의 글쓴이는 친구들에게 고마운 마음이 들었다.

3) 글쓴이가 겪은 일에는 '경험', 생각이나 느낌에는 '느낌'이라고 써 보세요.

(1) 집으로 오는 길에 민달팽이를 보았다. (   )

(2) 친구들의 말이 너무나 고마웠다. (   )

(3) 민달팽이를 자꾸 보니까 귀여운 데도 있었다. (   )

(4) 내 차례가 되자 온 힘을 다해서 달렸다. (   )

4) 두 번째 일기의 제목으로 알맞은 것을 고르세요. (   )

① 친구들   ② 맑은 하늘   ③ 이어달리기   ④ 민달팽이

편지를 읽고 물음에 답하세요.

선생님께

안녕하세요, 선생님.

저 건호예요. 선생님은 여름 방학 동안 잘 지내셨어요?

저는 가족들과 함께 캠핑을 다녀왔어요. 캠핑장에 가서 아버지를 도와서 텐트를 쳤는데 조금 힘들었어요. 하지만 텐트 안에서 놀 때에는 기분이 좋았어요. 낮에는 캠핑장에서 물놀이를 했는데 너무 오래 노는 바람에 얼굴이 새카맣게 탔지 뭐예요. 저녁에는 불을 피워서 고기도 구워 먹었어요. 밖에 나와서 먹는 밥은 꿀맛 같아서 두 그릇이나 먹었어요. 밤에는 모기 때문에 고생을 좀 했지만 텐트에서 잠을 자는 일은 무척 신났어요.

선생님, 1학기 때 저희가 장난을 많이 쳐서 속상하셨죠? 여름 방학이 지나고 2학기가 되면 장난도 안 치고 선생님 말씀을 잘 들을 거예요. 그리고 친구들과도 더 친하게 지낼 거고요. 방학이 아직 반이나 남았는데 벌써 선생님과 친구들이 보고 싶어요.

개학 날까지 선생님도 건강하시고 즐겁게 지내세요. 그리고 개학날, 세상에서 가장 즐거운 얼굴로 선생님을 뵙고 싶어요.

선생님 안녕히 계세요.

8월 12일 귀염둥이 제자, 건호 올림.

1) 이 편지는 누가 누구에게 쓴 것인가요?

　　　　　　　　　　이(가)　　　　　　　　에게
_____

2) 이 편지를 쓴 까닭을 고르세요. (　　　　　)

① 선생님께 안부 인사를 드리려고　　② 선생님께 잘못한 일을 사과하려고
③ 친구들에게 전할 말이 있어서　　　④ 여름 방학을 건강하게 보내기 위해서

3) 건호가 여름 방학 동안 겪은 일이 <u>아닌</u> 것을 고르세요. (　　　　　)

① 가족들과 캠핑을 갔다.　　　　　　② 바닷가에서 물놀이를 하였다.
③ 캠핑을 하면서 모기에 물렸다.　　　④ 물놀이를 해서 얼굴이 검게 탔다.

4) 다음 문장이 편지에서 어디에 해당하는지 <보기>에서 찾아 쓰세요.

보기	첫인사　전하는 말　끝인사　보내는 사람

① 안녕하세요? 저 건호예요. (　　　　　)

② 벌써 선생님과 친구들이 보고 싶어요. (　　　　　)

③ 선생님, 안녕히 계세요. (　　　　　)

④ 귀염둥이 제자 건호 올림 (　　　　　)

5) 선생님은 건호의 편지를 받고 어떤 생각이 들었을지 써 보세요.

_____

_____

_____

글쓴이가 겪은 일을 떠올리며 물음에 답하세요.

남쪽 바다 통영을 다녀와서

우리 가족은 지난 주말에 통영을 다녀왔다. 통영은 남해와 만나는 곳에 있고, 이순신 장군의 유적지로 유명한 곳이다. 통영에 도착하니 시원한 바닷바람이 우리를 즐겁게 해 주었다.

우리는 먼저 한산도로 가기로 하였다. 한산도는 이순신 장군이 임진왜란 때 왜군을 크게 물리쳤던 곳이다. 한산도는 통영에서 배를 타고 20분 정도 가면 된다. 배를 타고 가면서 바다에서 바라보는 통영의 모습이 무척 아름다웠다.

한산도에 도착해서 곧바로 제승당으로 갔다. 제승당은 이순신 장군이 군사를 지휘하던 곳이다. 제승당에서 바다를 바라보며 이순신 장군이 전쟁을 치르는 모습을 상상해 보았다. 나라를 지키기 위해 왜군을 무찌른 이순신 장군이 위대하다는 생각을 했다.

한산도에서 다시 배를 타고 나와서 우리는 동피랑 마을로 갔다. 동피랑 마을은 '동쪽 벼랑'이라는 뜻이라고 한다. 동피랑 마을은 벽화로 유명한 곳이다. 마을 곳곳에 예쁜 벽화가 가득했다. 나는 천사의 날개 앞에서 마치 천사가 된 것처럼 사진을 찍었다. 좁은 골목을 다니며 사진을 찍는 사람들이 많았다. 마을에 그려진 벽화를 보러 이렇게 많은 사람들이 찾는 게 신기했다. 그리고 이렇게 재미있는 벽화들은 누가 그렸을까 하고 궁금증이 생기기도 했다.

통영에서 만난 이순신 장군과 동피랑 마을은 나에게 즐거움과 감동을 주었다. 차창 밖으로 보이는 바다 멀리 이순신 장군이 다시 오라며 손짓하는 것 같았다.

1) 이 글은 어떤 글인가요? (   )

① 모르는 것을 설명하는 글   ② 재미있게 꾸며 쓴 글
③ 여행을 다녀온 경험을 쓴 글   ④ 주장을 나타내기 위해 쓴 글

2) 글쓴이가 여행한 곳은 어디인가요?

3) 글쓴이가 여행 중에 겪은 일을 장소에 맞게 선으로 이어 보세요.

통영에서 배를 타고 20분 정도 가면 된다.	● ●	한산도
천사의 날개 앞에서 사진을 찍었다.	● ●	
이순신 장군이 전쟁을 치르는 모습을 상상해 보았다.	● ●	동피랑 마을
좁은 골목에 사진을 찍는 사람이 많았다.	● ●	

4) 〈보기〉의 설명을 보고, 아래 문장을 '견문'과 '감상'으로 구분해 보세요.

보기	견문 : 여행을 통해 보거나 들어서 알게 된 점 감상 : 여행을 통해 글쓴이가 생각하거나 느낀 점

① 이순신 장군이 위대하다는 생각을 했다. (   )

② 마을 곳곳에 예쁜 벽화가 가득했다. (   )

바른 자세로 글자를 따라 써 보세요.

학교

나무꾼

구름

등굣길

색상

냉장고

고마워 친구야

즐거운 우리 학교

똑똑 빗방울 소리

예쁜 글씨 예쁜 마음

7개 이상 바른 자세로 예쁘게 썼다면

글씨 왕이 될 수 있어. 130쪽으로 가서 '예쁜 글씨 왕'

옆에 네 이름을 써 보렴.

124

바른 말에 ○를 하세요.

1) 길이 험해서 생각보다 (훨신 / 훨씬) 걷기 힘들었다.

2) 바다에서 보는 (해돋이 / 해도지)는 정말 멋져.

3) (나무잎 / 나뭇잎)이 뱅그르르 돌며 떨어진다.

4) (곰곰이 / 곰곰히) 생각해 보니 네 말이 맞았어.

5) 귀여운 내 동생은 가끔 (욕심장이 / 욕심쟁이)가 된다.

빈칸에 들어갈 알맞은 말을 찾아 쓰세요.

보기	반듯이 반드시 붙였다 부쳤다 위쪽 윗쪽 맨날 할께요 할게요

1) 의자에 앉을 때에는 허리를 (   ) 펴야 해.

2) 시골에 계신 할머니께 편지를 (   ).

3) 산 (   )에는 아직 눈이 녹지 않았다.

4) 과자는 (   ) 먹어도 또 먹고 싶다.

5) 앞으로는 운동도 열심히 (   ).

자, 이제 맞춤법에 자신감이 생겼지?
7문제 이상 맞힌 사람은 맞춤법 왕이 될 수 있어.
130쪽으로 가서 '맞춤법 왕' 옆에 이름을 써 보렴.

125

〈보기〉처럼 빈칸에 알맞은 말을 넣으세요.

설명하는 문장에는 (마침표), (마침표)는 (.)

1) 묻는 문장에는 (   ), (   )는 (   )

2) 대화를 나타낼 때에는 (   ), (   )는 (   )

3) 느낌을 나타낼 때에는 (   ), (   )는 (   )

4) 마음속 생각을 나타낼 때에는 (   ), (   )는 (   )

5) 문장을 연결할 때에는 (   ), (   )는 (   )

띄어쓰기가 바른 문장에는 ○, 틀린 문장에는 ×를 하세요.

1) 물 속에사 는올 챙이 (   )

2) 최 지수가 누구니? (   )

3) 신발 한 짝을 잃어버렸어! (   )

4) 놀부 형님, 밥 좀 주세요. (   )

5) 과일 가게에는 감, 사과, 배등이 많다. (   )

7문제 이상 맞혔으면 문장 부호와 띄어쓰기 왕이 될 자격이 있어.
130쪽으로 가서 '문장 부호와 띄어쓰기 왕' 옆에 네 이름을 써 보렴.

부모님이 불러 주는 말을 받아쓰세요.

(부모님이 142쪽에 적힌 문장을 불러 주세요.)

1) _____

_____

2) _____

_____

3) _____

_____

4) _____

_____

5) _____

_____

3문제 이상 맞혔으면 너도 받아쓰기 왕이야.

131쪽으로 가서 '받아쓰기 왕' 옆에 이름을 써 보렴.

글을 읽고 물음에 답하세요.

의좋은 형제

옛날 어느 마을에 사이좋은 형제가 살았습니다. 형과 동생은 서로 보살피고 사랑해 주었습니다. 형제는 부지런히 농사를 지은 벼를 함께 수확하였습니다. 농사일을 할 때에도 서로 도와가며 열심히 일했습니다.

일을 끝내고 집으로 돌아갈 때였습니다.

'형님은 식구가 많으니까 나보다 쌀이 더 많이 필요해. 형님 댁에 몰래 갔다 놔야겠어.'

동생은 형님을 생각해서 형님의 집에 쌀을 몰래 갔다 놓았습니다.

'동생은 장가간 지 얼마 안 되어 어려운 게 많을 거야. 동생에게 쌀을 더 갔다 줘야겠어.'

형은 동생을 위해 쌀을 동생 집에 몰래 갔다 주었습니다.

다음 날 아침, 형과 동생은 깜짝 놀랐습니다. 분명히 어젯밤에 쌀을 몰래 갖다 주었는데 쌀이 그대로 있는 게 아니겠어요? 그날 저녁에도 형과 동생은 똑같이 쌀을 몰래 갔다 놓으려고 했습니다. 그러다가 두 사람은 길에서 마주쳤습니다. 그제야 사정을 알게 된 형과 동생은 껄껄 웃었습니다.

1) 언제 일어난 일인가요?

2) 형과 동생은 어떤 사람인가요? (   )

① 힘이 센 사람   ② 욕심이 많은 사람
③ 서로 잘 도와주는 사람   ④ 부모님 말씀을 잘 듣는 사람

3) 이 이야기에서 우리가 배워야 할 점은 무엇일까요? (   )

① 형제끼리 위해 주며 살아라.   ② 부모님 말씀을 잘 들어라.
③ 필요 없는 욕심을 부리지 마라.   ④ 마을 사람들에게 베풀면서 살아라.

글을 읽고 물음에 답하세요.

학교에서 물건을 잃어버리는 경우가 많습니다. 지우개, 연필은 물론이고 옷이나 책을 잃어버리는 경우도 있습니다. 물건을 잃어버리면 참 아깝습니다. 그런데 물건에 이름을 쓰지 않아서 주인을 찾지 못하는 경우도 많습니다. 주인을 찾지 못해서 아직 충분히 쓸 수 있는 물건들이 버려지는 안타까운 일도 종종 일어납니다.

자기 물건에 이름을 씁시다. 잠깐 시간을 내어 이름만 써 두어도 잃어버리거나 버려지는 물건을 많이 줄일 수 있습니다. 이름을 몰라서 물건의 주인을 찾지 못하면 잃어버린 사람도 손해이지만 자원을 낭비하는 문제도 생길 것입니다.

나는 자전거 타기를 좋아합니다. 물건에 이름만 적어도 이런 일이 줄어들 것입니다. 자기 물건에 이름을 적고 소중하게 사용하는 습관을 들입시다.

1) 이 글은 어떤 종류의 글입니까? (   )

① 편지   ② 이야기   ③ 주장하는 글   ④ 설명하는 글

2) 글쓴이가 내세우는 주장에 대한 까닭이 무엇인지 빈칸에 알맞은 낱말을 쓰세요.

물건에 (   )을 쓰지 않으면 잃어버려도 주인을 찾지 못합니다.

3) 글쓴이의 주장과 어울리지 않는 문장을 찾아 쓰세요.

4문제 이상 맞혔으면 너도 읽기 왕이야.
131쪽으로 가서 '읽기 왕' 옆에 네 이름을 써 보렴.

예쁜 글씨 왕

맞춤법 왕

띄어쓰기·문장 부호 왕

받아쓰기 왕

읽기 왕

위니가 알려 주는

정답

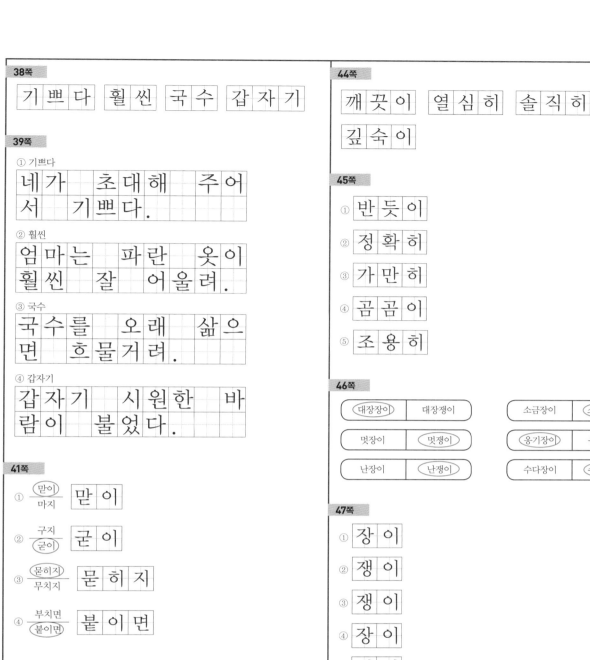

38쪽

기	쁘	다		훨	씬		국	수		갑	자	기

39쪽

① 기쁘다

네	가		초	대	해		주	어
서		기	쁘	다	.			

② 훨씬

엄	마	는		파	란		옷	이
훨	씬		잘		어	울	려	.

③ 국수

국	수	를		오	래		삶	으
면		흐	물	거	려	.		

④ 갑자기

갑	자	기		시	원	한		바
람	이		불	었	다	.		

41쪽

① ~~만이~~ / 마지 만이
② 구지 / ~~굳이~~ 굳이
③ ~~묻히지~~ / 무치지 묻히지
④ 부치면 / ~~붙이면~~ 붙이면

43쪽

① 등굣길
② 냇가
③ 아랫집
④ 나뭇가지
⑤ 나뭇잎
⑥ 깻잎
⑦ 빗물
⑧ 귓병

44쪽

깨	끗	이		열	심	히		솔	직	히
깊	숙	이								

45쪽

① 반듯이
② 정확히
③ 가만히
④ 곰곰이
⑤ 조용히

46쪽

~~대장장이~~	대장쟁이		소금장이	~~소금쟁이~~
멋장이	~~멋쟁이~~		~~옹기장이~~	옹기쟁이
난장이	~~난쟁이~~		수다장이	~~수다쟁이~~

47쪽

① 장이
② 쟁이
③ 쟁이
④ 장이
⑤ 쟁이
⑥ 쟁이
⑦ 장이

48쪽

① 늘이기로 / ~~늘리기로~~
② ~~늘어졌다.~~ / 늘려졌다.
③ ~~거름~~ / 걸음
④ 거름 / ~~걸음~~

133

49쪽

① 다쳤다
② 닫혔다
③ 마쳤다
④ 맞혔다
⑤ 반드시
⑥ 반듯이

50쪽

① (부칠) 부쳐야 / 붙일 (붙여야)
② (시켰다) / 식혔다
③ 시켜서 / (식혀서)
④ 어름 / (얼음)
⑤ (어름) / 얼음

51쪽

① 이따가
② 있다가
③ 절인다
④ 저린다
⑤ 주렸다
⑥ 줄였다

52쪽

(며칠) 몇 일
숫닭 (수탉)
살고기 (살코기)
(둘째) 두째

53쪽

(나아서) 낳아서
(할게요) 할께요
(찌개) 찌게

54쪽

설레임 / (설렘)
(바람) / 바램
(설거지) / 설것이
(오랜만에) / 오랫만에
예기 / (애기)
웬일 / (웬일)
(창피) / 챙피
귀거리 / (귀걸이)
(하마터면) / 하마트면
떡뽁이 / (떡볶이)

55쪽

저녁 먹은 그릇들을 깨끗이 설거지하였다.
전학 간 친구를 오랜만에 만나 반가웠다.
생일 선물로 예쁜 귀걸이를 받고 싶어.
아빠가 해 주신 떡볶이는 정말 맛있어!
산 위쪽으로 올라오니 바람이 시원하다.

56쪽

자장면(짜장면)은 언제 먹어도 맛있어.
내 동생은 만날(맨날) 나를 졸졸 따라다닌다.
오늘 날씨가 정말(너무) 좋아!
예쁜(이쁜) 신발을 신고 학교로 간다.
푸른 잎사귀(잎새) 사이로 햇빛이 반짝였다.
음, 향기로운 꽃 냄새(내음).

57쪽

할아버지는 손자(손주)를 보는 것이 즐겁다고 하신다.
두루뭉술하게(두리뭉실하게) 말하지 말고 똑바로 알려 줘.
친구들끼리 오순도순(오손도손) 놀았다.
친구들끼리 아웅다웅(아옹다웅) 다투지 마라.
과자를 내가 다 먹어 버려서 동생이 삐쳤다(삐졌다).
시장에는 맛있는 먹을거리(먹거리)가 많다.

134

62쪽

나는 꽃을 좋아해.
엄마 손을 꼭 잡아라.
집에 갈 때 같이 가자.
개는 멍멍 하고 짖어.
떨어진 장난감을 치워라.
쓰레기를 버리지 말자.

63쪽

나는 사과, 배를 좋아한다.
산은 높고, 하늘은 푸르다.
건호야, 이리 와 봐.
봄에는 개나리, 민들레, 진달래, 벚꽃 등이 핀다.
나는 사과를 좋아하고, 동생은 딸기를 좋아한다.

64쪽

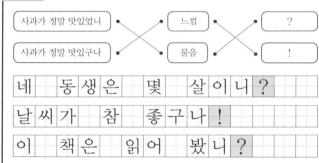

네 동생은 몇 살이니?
날씨가 참 좋구나!
이 책은 읽어 봤니?

65쪽

아이쿠, 깜짝이야!
정말 큰일 났구나!
경준아, 놀이터에 갈래?

? ─ 뭐 하고 있었어?
    └ 밥은 먹었니?

! ─ 야, 정말 재미있다!
    └ 깜짝이야!

65쪽

학교 마치고 집으로 가는 길에 예쁜 강아지를 봤다.
"어머, 귀여워라! 길을 잃고 여기에 있나? 불쌍하기도 하지."

66쪽

67쪽

∨ "시원한 물 좀 다오."
∨ '아이, 부끄러워.'
∨ "떡 하나만 줄래?"

개 한 마리가 고기를 입에 물고 개울 위의 다리를 건너다 깜짝 놀라 말했어요.
"저 고기가 더 크네."
개는 물에 비친 자신의 모습을 보고 생각했어요.
'저 고기를 뺏어야지.'
개는 입을 벌리고 소리쳤어요.
"멍멍, 넌 누구냐?"

71쪽

호랑이가소리를지릅니다.
호랑이가 소리를 지릅니다.

강아지는멍멍토끼는깡충
강아지는 멍멍 토끼는 깡충

파란하늘하얀구름
파란 하늘 하얀 구름

달팽이가집을지어요.
달팽이가 집을 지어요.

새싹이고개를내밀어요.
새싹이 고개를 내밀어요.

친구야, 정말고마워!
친구야, 정말 고마워!

135

| 웃 | 음 | 이 | 가 | 득 | 한 | 우 | 리 | 가 | 족 |
| 웃 | 음 | 이 | | 가 | 득 | 한 | | 우 | 리 | | 가 | 족 |

① 돼지 한마리가 꿀꿀! ( ) ② 붕어빵 3개 주세요. (○)
　돼지 한 마리가 꿀꿀! (○) 　붕어빵 3 개 주세요. ( )

자	동	차	두	대	가	멈	췄	다	.
자	동	차		두		대	가		멈	췄	다	.
내	동	생	은	여	섯	살	이	야	.
내		동	생	은		여	섯		살	이	야	.
우	리	교	실	은	2	층	에	있	다	.
우	리		교	실	은		2	층	에		있	다	.

① 청군대 백군의 경기 ( ) ② 사과, 배등이 있다. ( )
　청군 대 백군의 경기 (○) 　사과, 배 등이 있다. (○)

경	기	가	몇	대	몇	이	니	?
경	기	가		몇		대		몇	이	니	?
그	림	또	는	사	진	을	준	비	해	.
그	림		또	는		사	진	을		준	비	해	.
독	도	의	역	사	및	자	연
독	도	의		역	사		및		자	연

① 내 이름은 이미소야. (○) ② 위대한 이순신장군 ( )
　내 이름은 이 미소야. ( ) 　위대한 이순신 장군 (○)

내	짝	은	김	지	언	이	에	요	.
내		짝	은		김	지	언	이	에	요	.
박	보	배	선	생	님	,	안	녕	하	세	요	?
박	보	배		선	생	님	,		안	녕	하	세	요	?
김	유	신	장	군	을	아	니	?
김	유	신		장	군	을		아	니	?

① (큰아버지) / 큰 아버지
② 큰집 / (큰 집)
③ (큰집) / 큰 집

④ 집안 / (집 안)
⑤ (집안) / 집 안
⑥ 작은형 / (작은 형)

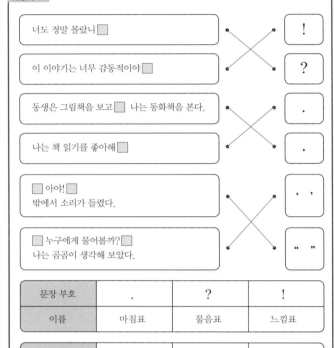

너도 정말 몰랐니□
이 이야기는 너무 감동적이야□
동생은 그림책을 보고 □ 나는 동화책을 본다.
나는 책 읽기를 좋아해□
□아야!□ 밖에서 소리가 들렸다.
□누구에게 물어볼까?□ 나는 곰곰이 생각해 보았다.

문장 부호	.	?	!
이름	마침표	물음표	느낌표

문장 부호	,	" "	' '
이름	쉼표	큰따옴표	작은따옴표

물	이	정	말	시	원	하	구	나	!
물	이		정	말		시	원	하	구	나	!
어	제	사	과	,	배	를	먹	었	다	.
어	제		사	과	,		배	를		먹	었	다	.
	"	넌	누	구	니	?	"
	"	넌		누	구	니	?	"
연	필	한	자	루	만	빌	려	줘	.
연	필		한		자	루	만		빌	려		줘	.
이	소	정	선	생	님	은	친	절	하	셔	.
이	소	정		선	생	님	은		친	절	하	셔	.
우	리	큰	형	은	중	학	생	이	야	.
우	리		큰	형	은		중	학	생	이	야	.

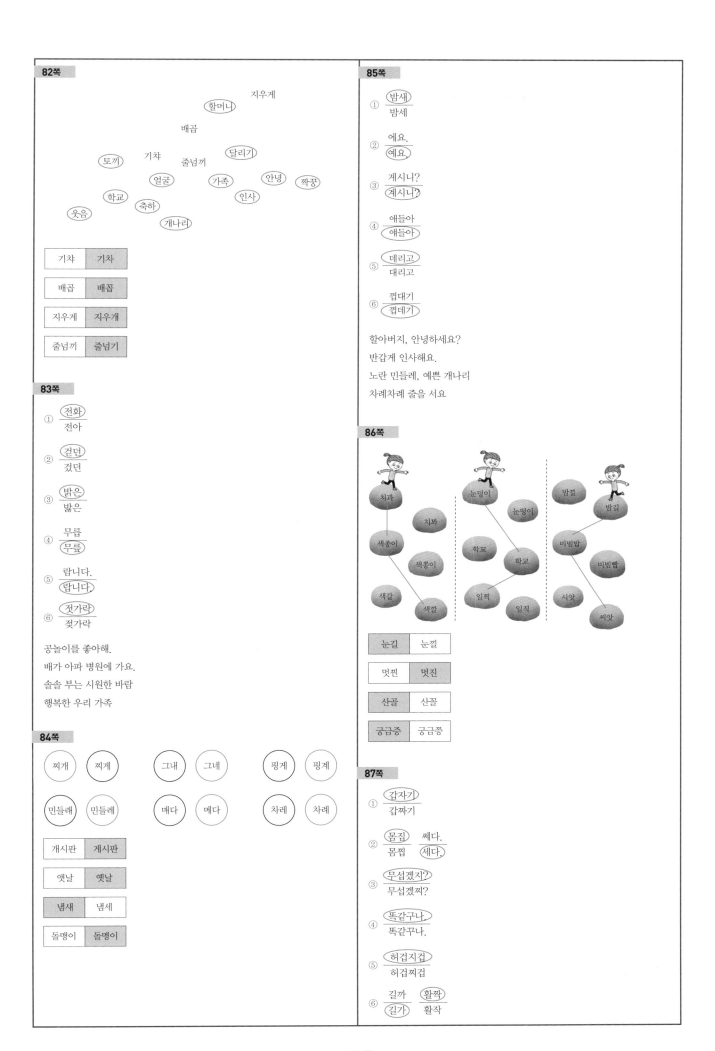

82쪽

지우게
할머니
배곱
지우게
토끼 기챠 줄넘끼 달리기
얼굴 가족 안녕 짝꿍
학교 축하 인사
웃음
개나리

기챠	**기차**
배곱	**배꼽**
지우게	지우개
줄넘끼	**줄넘기**

83쪽

① 전화 / 전아
② 걸던 / 겄던
③ 밝은 / 밟은
④ 무릅 / 무릎
⑤ 람니다. / 랍니다
⑥ 젓가락 / 젓가라

공놀이를 좋아해.
배가 아파 병원에 가요.
솔솔 부는 시원한 바람
행복한 우리 가족

84쪽

찌개 찌게   그내 그네   핑게 핑계
민들래 민들레   매다 메다   차레 차례

개시판	**게시판**
앳날	**옛날**
냄새	냄세
돌맹이	**돌멩이**

85쪽

① 밤새 / 밤세
② 에요. / 예요.
③ 게시니? / 계시니?
④ 애들아 / 얘들아
⑤ 데리고 / 대리고
⑥ 껍대기 / 껍데기

할아버지, 안녕하세요?
반갑게 인사해요.
노란 민들레, 예쁜 개나리
차례차례 줄을 서요

86쪽

치과
치꽈
색종이
색쫑이
색갈
색깔

눈덩이
눈떵이
학꾜
학교
일찍
일직

밤낄
밤길
비빔밥
비빔빱
시앗
씨앗

눈길	눈낄
멋찐	**멋진**
산골	산꼴
궁금증	궁금쯩

87쪽

① 갑자기 / 갑짜기
② 몸집 / 몸찝 쩨다. / 세다.
③ 무섭겠지? / 무섭겠찌?
④ 똑같구나. / 똑같꾸나.
⑤ 허겁지겁 / 허겁찌겁
⑥ 길까 / 활짝 길가 / 활작

노을 지는 강가
딸기를 먹고 싶다.
멋진 신발 내 신발
햇살이 따뜻한 산골 마을

 축하해 · 추카해 　 역칼 · 역할 　 입학 · 입팍

 동그랗게 · 동그라케 　 조타 · 좋다 　 행복해 · 행복케

어떻게	어떠케
빨갔게	빨갛게
좋겠다	조캣다
조그마타	조그맣다

① 마켜서 / 막혀서
② 익힘책 / 이킴책
③ 뽀피면 / 뽑히면
④ 축추케. / 축축해.
⑤ 딱딱한 / 딱다칸
⑥ 하얗다. / 하야타.

따뜻한 우유 한 잔
이렇게 하늘이 파랗다니!
입학을 축하해요.
행복한 우리 반

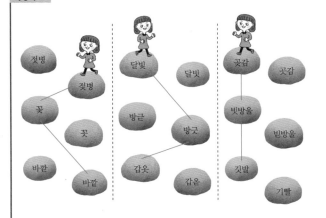

짓병　젓병　꽃　꼿　바깥　바깥
달빛　달빗　방금　방긋　갑옷　갑올
곳감　곳감　빗방울　빈방울　깃발　기빨

햇볕	햇볇
귄속	귓속
암컷	암컫
바닷속	바다속

① 실컷 / 실컫
② 연못 / 연몯
③ 밨어요. / 받았어요.
④ 알맞게 / 알맛게
⑤ 받줄 / 밧줄
⑥ 들녁 / 들녘

달콤한 곶감은 맛있어.
받고 싶은 선물이 뭐니?
부엌으로 가서 물을 마셨다.
햇볕이 따뜻하다.

나무군 · 나무꾼 　 깜짝 · 깜작 　 곡대기 · 꼭대기
뚜꺼비 · 두꺼비 　 떡볶이 · 떡뽁이 　 폴작 · 폴짝

따뜻한	따듯한
함께	함게
짝궁	짝꿍
지꺼기	찌꺼기

① 그떡 / 끄덕
② 곰짝 / 꼼짝
③ 꿀꺽 / 굴꺽
④ 봇다리 / 보따리

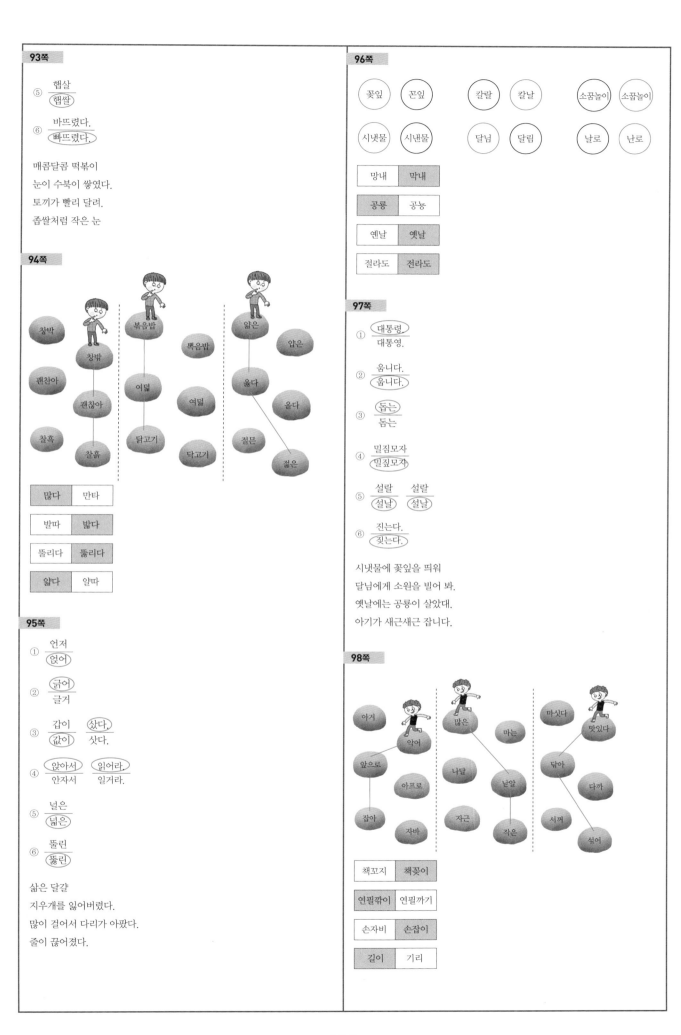

93쪽

⑤ 햅살 / ~~햅쌀~~

⑥ 바뜨렸다. / (빠뜨렸다.)

매콤달콤 떡볶이
눈이 수북이 쌓였다.
토끼가 빨리 달려.
좁쌀처럼 작은 눈

94쪽

청박 / 청밖
괜찬아 / 괜찮아
찰흑 / 찰흙

볶음밥 / 뿕음밥
여덜 / 여덟
닭고기 / 닥고기

얇은 / 얍은
읇다 / 올다
절믄 / 젊은

많다	만타
발따	밟다
뚤리다	뚫리다
얇다	얄따

95쪽

① 언저 / (엋어)

② (긁어) / 글거

③ 갑이 / (삿다.) / (값이) / 샀다.

④ (앉아서) / (읽어라.) / 안자서 / 일거라.

⑤ 널은 / 넓은

⑥ 뚤린 / (뚫린)

삶은 달걀
지우개를 잃어버렸다.
많이 걸어서 다리가 아팠다.
줄이 끊어졌다.

96쪽

꽃잎 / 꼰잎   칼랄 / 칼날   소꿈놀이 / 소꿉놀이
시냇물 / 시낸물   달님 / 달림   날로 / 난로

망내	막내
공룡	공농
옌날	옛날
절라도	전라도

97쪽

① (대통령) / 대통영.

② 웁니다. / (읍니다.)

③ (돕는) / 돔는

④ 밀짐모자 / (밀짚모자)

⑤ 설랄 / 설랄 / (설날) / (설날)

⑥ 진는다. / (짖는다.)

시냇물에 꽃잎을 띄워
달님에게 소원을 빌어 봐.
옛날에는 공룡이 살았대.
아기가 새근새근 잡니다.

98쪽

아거 / 악어
앞으로 / 아프로
잡아 / 자바

많은 / 마는
나달 / 낟알
자근 / 작은

마싯다 / 맛있다
닦아 / 다까
서꺼 / 섞어

책꼬지	책꽂이
연필깎이	연필까기
손자비	손잡이
길이	기리

139

① (뒤덮인) / 뒤더핀

② 숲소게 / (숲속에)

③ 머글래? / (먹을래?)

④ (찾았다.) / 차잤다.

⑤ 쓰렀다. / (쓸었다.)

⑥ (싶어) / 시퍼.

꽃으로 뒤덮인 풀밭
방을 깨끗이 닦아라.
작은 돌멩이 하나
참새가 쪼아 먹은 낟알

1) 연날리기

2)
① 연날리기는 옛날부터 해 왔다. (○)
② 연날리기는 좁은 공간에서도 쉽게 할 수 있다. (X)
③ 연날리기는 겨울철에 하는 민속놀이이다. (○)
④ 연날리기는 동네 아이들만 좋아하는 놀이였다. (X)

3) (① ④)

1) 샌드위치 만들기

2) (③)

3) (㉃ ㉠ ㉺ ㉣ ㉤)

1) (①)

2)
한살이의 과정이 같다. (알-애벌레-번데기-어른)
두 쌍의 날개가 있다.
곤충 종류이다.

3)
나비는 날개를 위로 접어서 앉는다.
나방은 날개를 펼친 채로 앉는다.
나비는 주로 낮에 활동한다.
나방은 밤에 활동하는 것들이 많다.
나비의 더듬이는 가늘고 길며 끝이 둥글게 마디로 되어 있다.
나방의 더듬이는 수컷은 굵고 털이 많으며 암컷은 가늘고 길다.

4) (④)

1) 놀이터에서 만나기로 했다.

2) 약속은 꼭 지켜야 해.
   한 번 한 약속은 꼭 지키도록 노력하자.

3) (① ②)

1) 아침밥을 먹자

2) (④)

3)
① 아침밥을 꼭 챙겨 먹읍시다. (주)
② 아침밥은 두뇌 회전을 도와 줍니다. (까)

1) (①)

2)

주장 : 적당한 운동을 하자.
까닭 : 체력을 좋게 한다.
         집중력이 높아진다.
         친구와 가깝게 지낼 수 있다.

3)
① 운동을 하면 뼈와 근육이 튼튼해지고, 체력이 좋아진다. (○)
② 운동장에는 운동을 열심히 하는 친구들이 많이 있다. (X)
③ 운동을 하면 잠을 푹 잘 수 있어서 기분이 좋아진다. (X)
④ 운동을 하면 집중력이 좋아져서 공부에 도움이 된다. (○)

4)
일찍 등교해서 학교 운동장 한 바퀴 돌고 교실에 들어가기.
엘리베이터를 타지 않고 계단으로 걸어 올라가기.

1) (① ③)

2)

> 혹부리 영감은 (도깨비) 앞에서 (노래)를 불렀다. 그러자 도깨비들은 영감의 (혹)이 노래 주머니라 생각하고, 자기에게 달라고 하였다. 그래서 혹부리 영감은 (혹)을 주는 대신 (금은보화)를 잔뜩 받아서 집으로 돌아왔다.
> 이 소식을 알게 된 이웃 마을의 (욕) 많은 혹부리 영감은 자기도 도깨비를 찾아 산으로 갔다.

3)

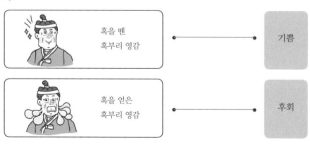

4) (①)

1) 한결

2) (①)

3)

한결이가 지친 얼굴로 집으로 돌아옴.
1

한결이가 받아쓰기 연습을 열심히 하기로 결심함.
4

받아쓰기 시험을 망쳐서 받아쓰기가 싫음.
2

어머니가 한결이에게 충고를 해 줌.
3

1) (④)

2)

사신		다 자란 농작물을 거두어 들임
붓두껍		붓대에 끼워 두는 뚜껑
수확		나라의 일로 외국에 나간 신하

3)

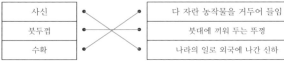
문익점은 (목화 씨앗)을 고려로 가져와서 백성들이 따뜻한 겨울을 날 수 있게 해 주었다.

4)

목화 씨앗을 붓두껍에 몰래 숨겨서 가져왔다.

문익점은 농부가 밭에서 하얀 솜덩이를 따서 담는 걸 보았다.
○

문익점은 목화솜을 널리 알리기 위해 노력하였다.
X

1)

| 4월 25일 일기 | | |
| 5월 20일 일기 | | |

2) (④)

3)

(1) 집으로 오는 길에 민달팽이를 보았다. (경험)
(2) 친구들의 말이 너무나 고마웠다. (느낌)
(3) 민달팽이를 자꾸 보니까 귀여운 데도 있었다. (느낌)
(4) 내 차례가 되자 온 힘을 다해서 달렸다. (경험)

4) (③)

1)

건호가 선생님에게

2) (①)

3) (②)

4)

① 안녕하세요? 저 건호예요. (첫 인사)
② 벌써 선생님과 친구들이 보고 싶어요. (전하는 말)
③ 선생님, 안녕히 계세요. (끝 인사)
④ 귀염둥이 제자 건호 올림 (보내는 사람)

5)

건호의 소식을 듣고 반가웠을 것이다.
빨리 개학을 해서 아이들을 보고 싶어 할 것이다.

1) (③)

2)

통영

3)

통영에서 배를 타고 20분 정도 가면 된다.		한산도
천사의 날개 앞에서 사진을 찍었다.		
이순신 장군이 전쟁을 치르는 모습을 상상해 보았다.		동피랑 마을
좁은 골목에 사진을 찍는 사람이 많았다.		

4)

① 이순신 장군이 위대하다는 생각을 했다. (감상)
② 마을 곳곳에 예쁜 벽화가 가득했다. (견문)

1) 길이 험해서 생각보다 (훨신 / 훨씬) 걷기 힘들었다.
2) 바다에서 보는 (해돋이 / 해도지)는 정말 멋져.
3) (나무잎 / 나뭇잎)이 뱅그르르 돌며 떨어진다.
4) (곰곰이 / 곰곰히) 생각해 보니 네 말이 맞았어.
5) 귀여운 내 동생은 가끔 (욕심장이 / 욕심쟁이)가 된다.

125쪽

1) 의자에 앉을 때에는 허리를 (반듯이) 펴야 해.
2) 시골에 계신 할머니께 편지를 (부쳤다).
3) 산 (위쪽)에는 아직 눈이 녹지 않았다.
4) 과자는 (맨날) 먹어도 또 먹고 싶다.
5) 앞으로는 운동도 열심히 (할게요).

126쪽

1) 묻는 문장에는 (물음표), (물음표)는 (?)
2) 대화를 나타낼 때에는 (큰따옴표), (큰따옴표)는 (" ")
3) 느낌을 나타낼 때에는 (느낌표), (느낌표)는 (!)
4) 마음속 생각을 나타낼 때에는 (작은따옴표), (작은따옴표)는 (' ')
5) 문장을 연결할 때에는 (쉼표), (쉼표)는 (,)

126쪽

1) 물 속에사 는올 챙이 (X)
2) 최 지수가 누구니? (X)
3) 신발 한 짝을 잃어버렸어! (○)
4) 놀부 형님, 밥 좀 주세요. (○)
5) 과일 가게에는 감, 사과, 배등이 많다. (X)

127쪽

1) 가방을 메고 학교에 갑니다.
2) 이게 무슨 냄새지?
3) 친구야, 같이 가자.
4) 일찍 자고 일찍 일어나요.
5) 국어 공부는 재미있어요.

128쪽

1) 옛날

2) (③)

3) (①)

129쪽

1) (③)

2)

> 물건에 (이름)을 쓰지 않으면 잃어버려도 주인을 찾지 못합니다.

3)
나는 자전거 타기를 좋아합니다.

하루 10분 국어 교과서

1판 1쇄 발행 | 2017. 1. 9.
1판 3쇄 발행 | 2020. 11. 1.

김대조 글 | 이예숙 그림

발행처 김영사 | **발행인** 고세규
등록번호 제 406-2003-036호 | 등록일자 1979. 5. 17.
주소 경기도 파주시 문발로 197(우-10881)
전화 마케팅부 031-955-3100 | 편집부 031-955-3113~20 | 팩스 031-955-3111

© 2017 김대조, 이예숙
이 책의 저작권은 저자에게 있습니다. 저자와 출판사의 허락 없이 내용의 일부를 인용하거나
발췌하는 것을 금합니다.

값은 표지에 있습니다.
ISBN 978-89-349-9364-3 63710

좋은 독자가 좋은 책을 만듭니다. 김영사는 독자 여러분의 의견에 항상 귀 기울이고 있습니다.
전자우편 book@gimmyoung.com | 홈페이지 www.gimmyoungjr.com

어린이제품 안전특별법에 의한 표시사항
제품명 도서 제조년월일 2020년 11월 1일 제조사명 김영사 주소 10881 경기도 파주시 문발로 197
전화번호 031-955-3100 제조국명 대한민국 ⚠주의 책 모서리에 찍히거나 책장에 베이지 않게 조심하세요.